KB268270

하용조 목사의
설교와 신학

하용조 목사의
설교와 신학

지은이 | 한국교회사학연구원
펴낸날 | 2005. 12. 20
등록번호 | 제3-203호
등록된 곳 | 서울시 용산구 서빙고동 95번지
발행처 | 사단법인 두란노서원
영업부 | 749-1059 FAX 080-749-3705
출판부 | 794-5100 (#343)
인쇄처 | 영진문원

▌책값은 뒤표지에 있습니다.
ISBN 89-531-0605-2 03230

▌독자의 의견을 기다립니다.
http://www.Duranno.com

하용조 목사의
설교와 신학

두란노

하용조

1964. 3.　　　　　서울 건국대학교 축산가공학과 입학
1972. 2.　　　　　서울 건국대학교 축산가공학과 졸업
1972. 3.　　　　　서울 장로회 신학대학원 입학
1975. 2.　　　　　서울 장로회 신학대학원 졸업
1972. 3.　　　　　서울 마포교회 전도사
1974. 6.　　　　　서울 마포교회 전도사 사임
1976. 5.　　　　　대한 예수교 장로회 목포노회 목사 안수
1976. 6.　　　　　연예인교회 목사 시무 (서울 노회 이명)
1980. 8.　　　　　연예인교회 목사 사임
1980.12 ~　　　　두란노 서원 원장 (현)
1981. 7.　　　　　영국 LONDON BIBLE COLLEGE
1982. 6.　　　　　영국 LONDON BIBLE COLLEGE 수료
1982. 7.　　　　　영국 WEC
1982. 12.　　　　 영국 WEC 수료
1983. 3.　　　　　영국 LONDON INSTITUTE
1984. 2.　　　　　영국 LONDON INSTITUTE 수료
1984. 10 ~　　　 대한 예수교 장로회 온누리 교회 담임목사 (현)
1985. 4 ~　　　　월간 잡지 '빛과소금' 편집인 (현)
1995. 11.　　　　 한동대학교 이사장 취임
1996. 8.　　　　　한동대학교 이사장 사임
1998. 5.　　　　　미국 BIOLA UNIVERSITY 명예문학박사학위 취득
1999. 9.　　　　　미국 BIOLA UNIVERSITY 이사 취임
2002. 12.　　　　 미국 BIOLA UNIVERSITY 이사 사임
1999. 12 ~　　　 전주대학교 이사장 취임 (현)
2002. 2.　　　　　미국 TRINITY UNIVERSITY 명예신학박사학위 취득
2004. 2 ~　　　　한동대학교 이사 (현)
2005. 2. 28　　　 횃불트리니티신학대학원대학교 총장 취임

설교의 힘이 곧 한국교회의 힘

민경배
한국교회사학연구원장(서울장신대학교 총장)

한국교회사학연구원에서는 지난 9년 동안, 한국교회 유수의 훌륭한 설교가에 대한 연구 공개강좌인 『한국교회 10대 설교가 연구』를 시행하여 왔다. 조용기 목사를 비롯하여 곽선희, 김선도, 김장환, 이만신, 김삼환, 옥한흠, 길자연, 이종윤 목사···. 이런 분들에 대한 연구를 공개강좌 형식으로 발표하여 왔던 것이다. 한국교회의 기적적인 발전과 성장은 한 세기 남짓에 세계 선도(先導)의 명성을 공인받고 있다는, 영국과 미국의 세계적인 일간지의 공론은 이미 오래전의 일이다. 그런데 이런 한국교회의 세계적 위상이 실로 한국교회 목회자들의 설교에 의하여 결정되었다고 하는 점은 누구도 의심할 수 없는 일이다. 설교의 힘이 곧 한국교회의 힘이었고, 설교의 능력과 은혜가 한국교회를 오늘의 세계적 교회로 이끌어 온 성장 동력이 되었던 것이다. 한국교회 설교가들의 공헌은 이처럼 한국교회 강세의 원동력이며, 동시에 미래 성장의 약속이 되고 있다.

이런 의미에서 우리 연구원의 거대사업의 하나인 『한국교회 10대 설교가 연구』는 한국교회에 매우 의미 있는 작업이 아닐 수 없다. 우리 연구원은 이 사업의 마지막 연구 대상으로 한국교회 설교의 묘미와 그 깊이를 높은 수준에서 구성하여, 이를 소박한 언어와 부드러운 밀착접근으로 다가섬으로 그 호소(呼訴) 지수가 압도적인, 한국교회 설교와 목회의 기축(機軸)이신 하용조 목사를 선정하여 연구를 진행하였다.

이 공개발표에서 발표해 주신 분들은 우선 국내 석학 중에서도 명망이 두터우신 장로회신학대학교의 강사문 박사와 연세대학교의 유상현 박사 그리고 서울신학대학교 총장을 역임하신 한영태 박사이시다. 또한 대전신학대학교 총장이신 문성모 박사께서 총 강평을 해 주셨으며, 연세대학교의 대학원 원장이시며 신약신학의 거성(巨星)이신 서중석 박사께서 전체 사회 맡아 재기 넘치는 사회로 우리에게 큰 기쁨을 선사해 주신 바 있다. 이 자리를 빌어 이 분들의 수고에 다시 한 번 감사 드리는 바이다.

이 강좌의 준비와 진행을 위해 애써 주신 한국교회사학연구원의 권평 박사와 운영위원 여러분, 그리고 세밀한 곳까지 일일이 손을 써 주신 온누리 교회 장선철 장로와 관계자 여러분에게도 다시 한 번 심심한 감사의 말씀을 드린다.

우리는 이러한 공개발표와 논문집 발간이 하용조 목사의 그간의 목회와 사역과 설교에 대한 한국교회의 존경과 사랑을 공론화하는 기회가 되며, 그 공헌과 장점들이 우리 한국교회 발전의 귀중한 밑거름이 되는 줄로 믿는다.

이제 바라기는 한국교회에 내려 주시는 성령의 크신 은사와 한국교회의 그 엄청난 역량, 그리고 그 잠재력이 이처럼 하나하나 이론석으로 체계화되고 신학적으로 규명되어서, 한국교회 여러 목회자들에게 꼭 필요한 원전(原典)으로 제공되기를 바라 마지않는다.

하용조 목사는 분명한 자기 세계를 구축한 설교자다.

그의 강렬한 정체의식과 소명감, 미래 전망과 목표 설정은, 한국교회의 새로운 목회자상을

일궈 낸 독보적 활동상과 더불어 교회사의 주목을 받기에 충분하다.

| 약력 |
유상현 교수

학력
연세대 신학과, 장신대 M. Div.
프랑스 Strasbourg대 (Dr. theol. 신약학)

저서
사도행전 연구, 1996. 바울의 제 1차 선교여행, 2002.
마귀론 이해 (공저), 1998.

역서
요한계시록 주석 (J. 엘륄 저, 2000)
초기 기독교의 형성 (E. 트로크메 저, 2003)

경력
영남신학대학 교수 역임
현 연세대학교 신약학 교수

오순절 불의 혀처럼

─하용조 목사의 설교 세계

유상현 연세대 신약학 교수

오순절 불의 혀처럼

I · 시작하는 말

하용조 목사는 분명한 자기 세계를 구축한 설교자다. 그의 강렬한 정체의식과 소명감, 미래 전망과 목표 설정은, 한국교회의 새로운 목회자상을 일궈 낸 그의 독보적 활동상과 더불어 교회사의 주목을 받기에 충분하다. 선 굵은 목회자로서 길지 않은 시기에 형성시킨 그의 독자적 목회와 설교는 우리 교회 발전을 위한 신선한 자극제로, 창조적 도전의 계기로 해가 거듭될수록 파급 영향을 넓혀 가리라 전망된다.

그에 대한 전방위적 평가는 일정 시간이 지난 다음 본격적으로 이뤄질 것이지만 지금껏 그가 보여 온 설교의 독특한 특징들, 그리고 정체되거나 시대착오적이었던 한국교회 목회의 제반 관행들을 과감히 수정하고 변화시킨 행동들을 감안한다면 그의 위치는 역사적 조명을 받기에 모자람이 없다. 그것은 유려한 언어의 설득력 있는 설교자로서, 놀라운 발상과 과감한 실험정신을 갖춘 채 미래 교회지도자의 새로운 전형을 세워 왔던 그의 활동에 대한 평가에 근거한 것이다.

하용조 목사는 목회 형식의 창조적 변화를 통해서 한국교회와 설교자들에게 새로운 예배와 설교 모형에 관한 상상력의 출구를 열게 했다는 인식을 주었다. 교회 내에서 불필요하게 반복되는 비본질적 사안에 대한 소모적 논란을 떠나, 급변하는 동시대인의 감각과 수요에 부응하는 예배 형식을 계발하고, 교회 내의 문화적, 계층적, 세대적 다양성에 대해 섬세하게 반향(反響)하는 그의 설교는 따라서 근본적으로 젊고, 역동적이어서 미래지향적이다. 그의 설교는 한국교회 강단의 감수성을 선도한다.

복음의 본질은 시대와 상황을 뛰어넘는 불변성을 갖춘 것으로 전제하지만, 그 본질을 전달하고 감지하는 수단과 매체는 동시대의 감수성과 긴밀한 호흡을 나눠야 한다고 전제할 때, 하용조 목사의 설교는 우리 교회 미래 케리그마 표현 장르의 방향을 설정한다. 그는 효과적 선포 수단과 매체를 채택하기 위해 실험하고, 모험하고, 관습의 벽을 건너뛴다.

그런 뜻에서 그의 설교는 우리 시대의 기독교와 세속 문화의 접점에 서서 복음의 개척 지경을 넓히는 전위의 역할을 한다. 그것을 우리는 복음적 프런티어십(Frontiership)이라 부를 수 있다. 하용조 목사는 복음 선포의 내용과 형식이 당도하는 경계와 변경의 끝을 확장시키는 개척자의 풍모를 지녔다.

이처럼 독특한 캐릭터와 창조적 모험정신에 가득 찬 하용조 목사의 설교세계는 그의 목회에서 보이는 역동성에 어울리게, 매우 다양한 강조점, 내용의 포괄성, 신학적 주장과 이해의 풍부함이 뚜렷하다. 하지만 우리 연구의 한계와 주어진 지면의 제약을 감안할 때 이 모두를 총체적으로 검토하기는 어렵다. 그런 것들은 하용조 목사에 대한 추후의 본격적 연구에 그 토의의 마당을 남겨 둘 수밖에 없다. 따라서 우리는 여기서 대단히 간략하게 그의 설교가 선명히 제시하는 몇 가지 특징들만을 살펴보기로 한다.

하용조 목사 설교의 중심점, 성격, 역점 사항들을 소략히 정리하면 다음과 같은 항목들이 제시된다. '강해적' 설교방식, 성령과 열정적 신앙의 강조, '온 누리'로의 선교, 설교 수용자 중심의 접근(창조적 유

연성, 매체 활용의 적극성, 집회 방식 및 언어와 행동의 개방성 등), 기독교인 삶의 변화와 행위의 중요성 등등이 거론될 수 있다.

그런데, 여기 소개한 몇몇 사항들로 대표되는 하용조 목사 설교의 특징은 지극히 놀랍게도 초대 교회의 어떤 경이적 신앙 현상들을 연상시킨다. 그것은 교회의 탄생을 알리는 오순절 대사건과의 연관이다. 이 연결, 이 관련은 하용조 목사에게 가히 결정적인 듯하다. '하용조 목사의 내면 세계'를 해명하는 암호 체계, 또는 '작업 체계'(Operation System)의 코드명은 '오순절'로 파악할 수 있다는 이해다. 그렇다면 무엇이 그런 연상을 불러일으키는가? 어떤 상호관련과 유사성이 하용조 목사의 목회와 설교를 풀어내는 열쇠로 오순절 사건을 지목하는가?

일단 하용조 목사에게는 오순절 사건을 묘사하는 누가의 사도행전 기록에 대한 애착과 경사가 두드러진다. 하용조 목사와 온누리 교회의 목표와 지향점은 대개 사도행전을 통해 설명될 수 있을 듯하다. 오순절을 통해 교회가 성립되고 그 역동에 힘입어 말씀의 강력한 전파, 선교가 펼쳐지고, 마침내 바울의 로마 선교를 통해 복음이 땅 끝으로의 대장정에 올랐듯이,[1] 하용조 목사도 그 같은 초기 교회 발전의 얼개를 자신의 설교와 목회의 근본 틀로 설정하여 활동의 구조를 형성시킨다. 그가 사도행전 강해설교집의 서문에서 언급하듯이, "온누리 교회의 이상과 목회 철학이 사도행전적 교회에서 시작"[2] 했음을 분명히 한다.

그밖에도 하용조 목사가 사도행전 강해에 기울인 정성과 노력들은, 그가 누가의 이 기록에 남다른 애정을 가졌으리라는 짐작을 하게 한다. 물론 하용조 목사가 저술한 강해설교집은 수다하고, 취급한 성경의 내용도 다양하다. 곧이어 살펴보겠지만 하용조 목사는 형태적으로 철저히 강해설교에 몰두하고 있기 때문에 성경 중 어느 특정 부분에 일방적으로 경도된다거나 과도한 집중을 보이지는 않는다. 그보다는 오히려 성경 전체에 대한 포괄적 관심과 연구의 폭을 보여 주는 것이 사실이다. 그동안 출간된 설교집만 보아도 창세기, 마태복음, 사도행전, 로마서, 에베소서, 히브리서 등 신구약 전체에 고루 분포되어 있다.[3] 하지만 다른 성경과 달리 사도행전은 그의 목회 기간 중 두 번에

---

1. 유상현, 「사도행전」(서울: 대한기독교서회, 1996), 459.
2. 하용조, 「성령 받은 사람들」 사도행전 강해설교집 제1권(서울: 도서출판 두란노, 1999), 6. 이하의 논의에서 하 목사 저술 인용은 강해설교집의 성경 제목과 권호, 쪽수로 표기한다.

걸쳐 강해설교의 텍스트로 선정됐던 서책이었다.[4] 20년의 온누리 교회 목회 기간 중에 한 권의 성경을 두 차례, 그것도 방대한 분량[5] 의 설교를 되풀이 강해했다는 것은 사도행전에 기울였던 관심이 보통 이상의 것이었다는 명백한 증거가 된다.

사도행전에 대한 그의 깊은 관심은 온누리 교회의 구호인 'Acts 29' 를 통해서도 엿볼 수 있다.[6] 사도행전을 뜻하는 'Acts' 와, 28장으로 끝나는 신약 사도행전의 마지막 장(章) 다음에 이어지는 '29장' 을 온누리 교회가 기록하겠다는 다짐과 희망을 교회의 구호로 채택했다는 점은, 사도행전적 오순절의 비전과 땅 끝을 향한 선교의 신념이 하용조 목사에게 깊이 녹아 있음을 입증한다. 그리고 이러한 이해의 바탕에는 '그때 그곳' 의 오순절 사건이 '지금 이곳' 에서도 재현될 수 있고, 그때의 신앙적 정열이 오늘 여기서 이룩될 수 있다는 믿음이 깔려 있다. 따라서 이러한 신념이 그의 설교 내용 전체에 반영되어 있음은 당연한 일이다.[7]

이런 사도행전, 오순절과 하용조 목사와의 결정적 연결을 확인시켜 주는 명시적 사례들은 적지 않다. 예컨대 그의 주요 저서 중 하나인 오순절 강해설교집(「바람처럼 불처럼」[8])의 부제('사도행전의 바로 그 교회를 꿈꾸는 하용조 목사의 성령 메시지')가 이 점을 확고히 드러낸다. 이 언명을 그의 설교에서 확인하기란 어렵지 않다. "온누리 교회의 비전은 예수님이 인도하시고 사도행전에서 보여 준 바로 그 교회를 세우는 일입니다."[9]

그처럼 '사도행전 오순절의 바로 그 교회를 꿈꾸는' 하용조 목사의 비전은 그의 설교 전편에서 강렬하게 확인된다. 20년전 하용조 목사가 온누리 교회를 섬기도록 초청받았을 때 느꼈던 바는 "바로 그 교회, 초대 교회에 있었던 그 교회, 사도행전적인 그 교회, 교파와 상관없는" 그 교회에 대한 열망이요, 그에 대한 하나님의 부르심이었다고 토로한다.[10] 그리고 '그 교회'에 대한 꿈은 아직도 그의 내면에서 꿈틀거리고 있다고 덧붙인다.

3. 그의 강해설교집은, 마태복음 강해설교집 전 12권, 로마서 강해설교집 전 2권, 사도행전 강해설교집 전 3권, 창세기 강해설교집 전 5권, 출애굽기 강해설교집 전 1권, 에베소서 강해설교집 전 1권, 히브리서 강해설교집 전 1권 등이 출판되어 있고, 그 외 단행본 형대의 설교집들이 다수 출간된 상태다.
4. 사도행전 강해설교집 제 1권, 6-7.
5. 사도행전 강해설교집 제 1-3권의 총 분량은 1,450쪽이 넘는다.
6. "창립 18주년 기념 특별 대담", 온누리 신문, 2003년 10월 5일자, 6-7.
7. 문서선교의 보루로 교회가 설립한 출판사 명칭을 사도행전 19장의 에베소 장면에 등장하는 '두란노' 이름을 따온 것은 오히려 사소한 사례일 정도다.
8. 하용조, 「바람처럼 불처럼」(서울: 도서출판 두란노, 2003).
9. 사도행전 강해설교집 제 1권, 6.
10. 하용조, 「바람처럼 불처럼」(서울: 도서출판 두란노, 2003), 40-41.

이점은 하용조 목사와 온누리 교회가 초기 교회, 그 중에서 사도행전적 교회, 오순절적 교회와의 관련이 얼마나 결정적인가를 명백히 증언한다. 이런 사실이 하용조 목사의 또 다른 금언적 표현을 통해 극명히 제시된다. "사도행전은 온누리 교회의 나침반입니다."[11]

그렇다면, 즉 사도행전과 오순절적 성격이야말로 하용조 목사의 설교와 목회를 특징 짓는 가장 중요한 열쇠 개념이라 한다면, 사도행전 오순절의 의미, 특성을 살펴보는 것은 하용조 목사의 설교를 이해하기 위한 전제가 되는 노력이 될 것이고, 그의 이해를 위한 지름길이 될 수 있다.

하지만 하용조 목사의 설교 내용을 오순절의 각도에서 분석, 열거, 검토하는 작업에 들어가기 전에 먼저 그의 설교가 갖는 외형적, 또는 형태적 특성에 대해 살펴보는 것이 긴요한 일이라 여겨진다. 내용은 형식을 조종하기도 하지만 형식이 내용을 규정하는 측면이 있다는 점을 감안하면, 그의 설교가 갖는 형식은 내용의 지향점을 시사하는 강력한 도구의 역할을 하기 때문이다. 이런 관점에 어긋남 없이 하용조 목사의 설교는 예사롭지 않은 독자적 형태의 특징을 과시한다. 그의 설교가 갖는 강해설교의 형식 때문이다.

그의 설교는 대단히 의도적, 조직적으로 철저한 강해설교를 표방한다. 이렇게 하는 데는 성경과 설교에 대해 그가 품고 있는 나름의 확고한 신념이 반영된 듯하다. 이 신념의 내용을 짐작하기란 어렵지 않다. 그것은 다른 어떤 교리나 인간적 지식, 사상, 또는 역사와 문화에서 형성된 비신앙적 지혜 등, 그 어느 종류든 인간 이성이 낳은 산물보다 성경의 권위를 높이 두고 있다는 확고한 믿음이다. 인간과 사회의 안팎 현상 분석에서 결과한 오늘날의 지식이 신앙을 가르치는 교사가 될 수 없고, 오직 성경만이 인간 삶의 총체에 대한 궁극적 가르침을 줄 수 있다는 절대 계시의 신념이 그로 하여금 강해설교에 정진하게 했다는 점이다.

11. 사도행전 강해설교집 제 1권, 7.

이런 인식은 그의 설교에 다음과 같은 형태로 표현된다. "성경을 가지고 말하지 않고 헌법을 가지고 말하는 사람이 있습니다. 장로교의 헌법이 이렇고, 감리교의 헌법이 이렇다고 하는 것입니다. 성경이 아니라 성경을 해석한 전통을 가지고 종교를 정의합니다. 이것은 굉장히 위험한 일입니다. 교리는 중요합니다. 교파도 중요합니다. 그러나 성경이 더 중요합니다."[12] "설교는 인간의 어떤 철학이나 사상을 전하는 것이 아니라, 하나님의 뜻과 생각을 전하는 것입니다."[13]

그가 행하는 강해설교는 두 가지 뜻이 담겨 있다. 먼저, 성경 본문을 풀어 해석하고 설명한다는 주석적 '강해(講解)'의 본디 의미가 함축되어 있다는 점이 그 하나다. 즉 소위 '제목설교'와 비교되는 관점에서 설교가 준비되었다는 사실이다. 그리고 또 하나는, 강해설교[14]의 본문 선정이 성경 전체를 주일마다 임의로 오가지 않고 한 권의 성경을 첫 장부터 끝 장까지 일관하여 추적한다는, 본문 선정 대상과 관련된 특징이다. 물론 대개의 강해설교가 본문을 관통하는 방식을 취하게 마련이지만 여기저기 성경에서 매주 다르게 설정한 다소 긴 본문을 주석적으로 강해하는 설교를 소위 '본문설교'나 '제목설교'라고 지칭하기는 어렵다.

본문을 오롯이 따라가며 본문이 제시하는 신학적 의미와 신앙의 교훈을 찾아 설명하고 소개하는 그의 설교 패턴은 성경의 광맥을 탐색, 채굴하는 모습을 연상시킨다. 이런 형식은 대개 몇 가지 신학적 전제를 포함하기 마련이다. 우선 이 방식은 선정한 성경 각 권의 어느 '특정 장절(章節)'만이 중요한 것이 아니라는 투철한 인식이 낳은 결과다. 즉 성경의 일부 중요 구절이나 부분이 아닌, 한 책 전부, 첫 장부터 마지막 장까지 모두가 시종일관 동일한 무게의 중요성과 의미를 가지고 있다는, 이른바 성경의 권위에 대한 최대의 신뢰가 표현된 것이다. 설교자의 개인적, 자의(恣意)적 취사선택에 의존하는 중요도 평가가 아니라 성경 전체가 빠짐없이, 남김없이 '모두'가 중요한 계시물이라는 이해가 전제되어 있다.

12. 마태복음 강해설교집 제 8권, 14.
13. 사도행전 강해설교집 제 1권, 110.
14. 하용조 목사가 자신이 영향받아 빚졌다고 밝히는 강해설교의 스승들은 여럿이다. 데니스 레인, 캠벨 모건, 마틴 로이드 존스, 존 스토트, 존 맥아더, 짐 그레이엄 등의 인물들을 꼽고 있다. (마태복음 강해설교집 각 권, 저자의 말 중) 그러나 그러한 영향 언급은 그의 겸손에서 비롯된 것일 뿐, 오히려 '하용조 목사의 강해설교'는 하용조 목사만의 것이며, 그만의 자랑과 미덕을 갖춘 그의 고유한 신앙적 고투의 결정임을 부정할 사람은 없을 것이다. 방법을 가르쳤다고 걸출한 결과를 자동적으로 획득할 수 없다는 점은 단순히 세속의 일반적 교훈만은 아니다. 그의 설교가 지닌 우리말의 유려함이나 레토릭, 무엇보다 오순절적 신앙에 기반한 세계와 인간과 역사에 대한 고유한 통찰, 그리고 이 모든 신앙과 신학의 내용물을 엮어 조직해 내놓는 솜씨 등이 어느 누구로부터의 교수나 사숙(私塾)에 의해 이룩될 성질의 것이 아니기 때문이다.

이것은 그 주장 자체가 균형 있는 성경이해의 표상으로 높이 평가받을 만한 사항이기도 하지만, 흔히 성경 본문을 설교자의 주관적 자기주장을 정당화하는 도구로 이용하는 경향에 대한 강력한 이의 제기란 관점에서도 상찬할 이유가 있다. 이른바 성경의 '증빙자료'(proof text)로의 전락을 부추기는 일반적 설교 관행에 대한 의미 있는 도전이 아닐 수 없기 때문이다.

복음주의적 신앙의 열정을 중시하는 설교자의 상당수는 스스로 성경에 충실하다고 되풀이 말하고, 성경의 권위와 '성경적 신앙'을 반복하여 강조한다. 하지만 이런 주장들은 대개 구호에 그치기 일쑤이고, 실제 설교에서 본문으로 채택되는 성경 구절은 설교자의 사적 관점이나 특정 경향성 등을 강화, 설득시키는 보조 자료로 활용될 뿐이다. 성경에 귀를 기울이는 것이 아니라 자기주장을 정당화하기 위해 성경을 빙자, 이용하는 것이고, 이런 반복적 성경의 도구적 활용은 마침내 성경의 권위마저 훼손시키는 결과를 낳게 되는 것이다.

이런 행태에 대한 비판과 주의 촉구는 어느 설교자든 예외 없이 망설이지 않고 제기해 왔음도 사실이다. 모든 설교자는 본문의 오·남용을 스스로 삼가고 조심하게 하는 요목으로 삼아 왔던 것이다. 하지만 그런 자기비판이 따름에도 불구하고 이를 벗어나지 못하는 큰 이유 중 하나는, 바로 '진실로' 성경에 충실한 설교를 행하기 어려운 현실에 있다. 그것이 강해설교가 아니라 할지라도 성경에 충실한 설교를 하기 위해서는 성경 본문에 대한 평균 이상의 연구와 연마, 그리고 정도 이상의 학문적 정진과 자기 투여가 따르기 때문이다.

성경연구, 또는 강해설교는 누구에게든 고귀한 가치로 추앙된다. 하지만 그것은 어느 의미에서 수도자적 영성 추구와 학자적 자기 정진이 결합되는 지점에서 산출될 수 있는 것이다. 그렇기 때문에 현실적으로 이루기 쉽지 않은 측면이 있음을 인정하지 않을 수 없다. 그런 탓에 이를 실천하는 이가 많지 않음을 안타깝게 여기는 한편, 강해설교를 지속하는 이들에 대한 경의를 간직하지 않을 수 없다. 이런 맥락에서 하용조 목사가 그 쉽지 않은 강해설교의 길에 평생을 매진해 왔다는 것은 그 추구 자체로 한국교회 강단에 자극과 격려가 되었음과 동시에, 설교자로서 그의 성실과 노력 역시 귀감이 되어 왔음을 지적해야 한다.

또 한 가지 하용조 목사의 강해설교 저변에 서린 주요 전제가 있다. 그것은 성경이 성경을 드러내게 하려는 방법론적 문제의식이다. 하용조 목사의 설교에는 성경이 품고 있는 메시지와 교훈, 스스로가 자기 현시될 수 있도록, 성경이 자기 발언할 수 있도록 하려는 배려가 가득하다.

성경 자체가 성경 자신을 드러내도록 해야 한다는 이 이상은 오랫동안 설교자의 꿈으로 남아 왔다. 물론 문자 그대로 성경이 성경 스스로를 자기 해석한다는 것은 가능하지도 바람직하지도 않을 수 있다. 어차피 인간 이성의 사유작용에 의한 해석과정이 성경 해명의 핵심 기제로 작용한다는 것은 두말할 나위가 없기 때문이다. 다만 설교자가 자칫 가질 수도 있는 비신앙적 선입견이나 오류가 말씀 해석에 첨가되어 계시의 변질을 가져오게 해서는 안 된다는 경계와 문제의식이 성경은 성경으로 해석되어야 한다는 모토 속에 담겨 있다는 뜻이다.

이러한 해석상황을 인식한 연후에 하용조 목사는 가능한 최대한도 인간적 편견이나 지상의 가치관, 비기독교적 규범 등이 계시의 해석 수단으로 차용되는 것을 거부하면서 성경해석에 접근한다. 바로 그런 뜻에서 그의 설교는 성경 스스로가 자기 계시를 드러내도록 하는 데 가장 유용한 방식으로써 '강해'의 형태를 통한 말씀 전달을 집요하게 고수하고 있는 것이다. 즉 그의 강해설교는 성경의 메시지를 가장 올

곧은 모습으로 드러내는 방법이라는 전제가 깊이 작용한 적극적 선택

이었다는 뜻이다.

위에서 우리는 하용조 목사를 이해하는 전망의 창구로써 오순절 사건이 결정적 의미를 갖고 있다고 못 박았다. 그렇다면 왜 하용조 목사와 오순절 사건이 그토록 긴밀한 관계를 갖고 있다고 보는가? 그 이유를 밝히기 위해서는 오순절 사건의 성격과 의미를 먼저 살펴보는 것이 마땅하다. 그런 다음 하용조 목사의 주장과 활동상을 그 곁에 나란히 놓게 되면 양자의 자연스런 비교가 가능해질 것이다. 따라서 아래에서 우리는 사도행전 2장 이하의 오순절 장면 기록의 간략한 해석과 하용조 목사의 설교와 관심사들을 병렬 형태로 비교해 보면서 그가 가진 오순절적 비전의 투철함을 새기게 될 것이다.

1. 오순절의 '불의 혀'와 신앙의 격정

그 같은 비교를 행하기 전에 먼저 일반론적 의미에서, 과연 초대 교회의 오순절이 무엇을 의미하는지 고찰할 필요가 있다. 초대 교회의 오순절은 무엇이었는가? 초기 기독교에서 오순절은 오고 오는 모든 교회와 기독교인에게 일종의 감격시대와 동의어로 남아 있어야 될 사건이었다는 인식이 있었다. 거기엔 분출하는 신앙의 격정과 휘몰아치는 믿음, 세차게 뛰고 차오르는 신생의 감격과 활력이 터질듯 팽배하다. 구약의 옛 시대를 정리한 후, 새로운 기독교 신앙이 가져다 주는 감정적 고양이 거의 노골적 형태로 있는 힘껏 과시된다. 오순절 사건은 기독교 신앙이란, 타오르는 정열의 등에 업혀 엄습하는 격앙된 결단이요, 불꽃같은 헌신이라는 점을 깨우치는 드문 신약 증언 중 하나다.

오순절 사건(행 2:1-13)을 보고하는 누가의 앞부분 기록(1-4절)은 매우 특이한 묘사들로 채워져 있다. 매우 정서적이고 감각적인 특징이 두드러지는 장면이 나타난다는 것이다. 이를테면 저자가 사건의 시각적 현란함이 돋보이도록 묘사했다는 것이다. '모두 한 곳에 모인' 상황, '바람 같은 소리가 온 집안을 채우는' 모습, '모인 각 사람에게 불의 혀가 갈라져 나타나고’, ‘사람들이 다른 방언으로 말하기 시작하는’ 이 장면은, 저자가 생각하는 상황을 독자의 상상 속에 능히 그릴 수 있게 만드는 극적, 감각적 이미지로 채워져 있다. 그것은 ‘바람 같은 소리’라는 표현, 또 ‘다른 방언’이란 표현으로 대표되는 ‘청각적 언어’와, ‘불의 혀’로 대표되는 여러 ‘시각적 언어’를 이야기 구조 안에 교묘히 배열하고 통합해서, 결국 감정적 차원의 이해와 인식의 강화를 야기시키는 묘사법이다.

이러한 시청각적 이미지 언어의 배합은 초기 교인과 독자들에게 두 가지 실천적 기능을 하게 한다. 먼저, 이런 묘사는 오순절 사건의 장면을 보다 다채롭고 생생하고 현장감 있게 만듦으로 그 ‘사실성’을 확신하게 만드는 측면이 있다. 즉 오순절 사건이 진실로 역사 안에서 벌어졌음을 강조하며, 그 뜻이 높고 귀하다는 점을 드러낸다.[15] 그리고 또 하나는, 이런 정서적, 감각적 묘사를 통해 오순절 사건이 갖는 신앙의 열정과 격정적 뜨거움, 터질듯 타오르는 새 믿음의 불길이 겹치듯 독자들의 인식 속에 아로새겨지게 만드는 측면이 있다는 것이다.

우리가 오순절 성령 강림 사건을 사모하고, 그 사건이 다시 일어나기를, 거기 직접 참여하기를 염원하는 감정이입을 불러올 정도로 생생한 마음속의 이미지를 갖게 만드는 것은 바로 이런 누가의 묘사 덕분이다. 요컨대 성령 강림의 강렬한 체험을 전달함으로써 독자들을 그러한 경험에로 초대하고 있으며, 이를 통해 신앙의 극적 체험의 차원을 열어 놓고 있다는 것이다.

이런 사도행전 오순절 기록의 초대에 대해 하용조 목사는 매우 직선적 형태로 응답한다. 그에게서 발견되는 신앙 양태의 독특성이 이를 입증한다. 그의 성령 강조, 성령 체험론, 격정적 신앙의 추구, 이것들은 하용조 목사의 목회자 생애의 출발선에서 스스로 확인한 신학적 바탕이요 근원적 확신임이 분명하다. 우선 명백히 지적할 수 있는 것은 하용조 목사는 자신의 설교에서 성령을 예외적으로 강조한다는 점이다. 이른바 카리스마적 신앙인으로 자기 정체를 규정하는 이유가 거기 있다.

15. 누가가 깨우치려는 뜻, 곧 성령강림이 모두에게 확인될 정도의 객관적 현상으로 나타난 것을 강조하려는 이유는 다음과 같다. 그것은 성령이 '주관적 의식' 속에서, 심리현상이나, 내면적 정신의 풍경으로, 또는 이방종교와 같은 밀교(密教)적 폐쇄성에 갇혀 아무도 몰래 강림하는 것이 아니라, 열린 세계 안에서 선교를 통한 교회의 성육이 보이게 이뤄지듯이, 성령 강림도 열린 개인 안에서 보편 현상으로, 관찰 가능하게 강림한다는 개방적 성격을 보이고 있다는 것이다.

성령을 삼위일체 중 한 위격으로 인정하는 기독교인들에게 성령의 존재를 받아들이고 믿는 것은 새삼스러운 일이 아니다. 그러나 그의 존재를 인정, 승인하는 것과 그의 역할, 활동, 위상 자체를 극도로 중시하고 강조하는 것은 차이가 있다. '성령에 대해 관심을 가져라!'[16]라고 말하는 그의 어투는 교리상에 등장하는 추상적 성령에 대한 일반론에 입각한 관심 환기가 아니다. 그의 이런 표현 전후에 역점을 두어 전달하려는 바는 생체험적 성령론을 온 힘을 다해 거듭하여 강조하려는 의지다. 이것은 그가 '성령은 받은 자만이 안다'[17] 고 확언했듯이 바로 체험적 성령 이해를 겪은 사람만이 던질 수 있는 강조태의 어법이다. 그가 성심을 다해 말하는 다음의 권유는 그런 뜻에서 단순한 강해를 위한 성구해설이 아님을 알 수 있다.

"저는 여러분이 성령을 체험하고 성령으로 세례 받기를 바랍니다. 이것이 이루어지지 않으면 사도행전은 근본적으로 시작되지 않았습니다. 사도행전의 문을 여는 열쇠는 성령 세례입니다."[18]

그가 성령을 집요하게 강조하고 있는 것은 단순히 사도행전 강해에만 국한되지 않는다. 그의 강해록 전편에 골고루 스민 주요 주제가 바로 성령론임을 쉽게 확인할 수 있다.[19] 그의 전체 설교는 성령 체험과 성령의 내주를 통한 기쁨과 감격, 그리고 성령의 역사를 통한 복음전파, 곧 선교라는 일관된 신앙인식이 저류를 흐르고 있다. 그리고 이런 연유로 그를 크게 보아 이른바 '은사운동'(charismatic movement)의 범주 안에 선 지도자로 파악하게 만든다는 것이다. 이 점은 그의 부정, 또는 긍정과 상관없이 그의 메시지 전체에서 조직적으로 확인할 수 있는 분명한 관심사이기 때문에 우리로서는 그의 문제의식을 부각하지 않을 수 없다. 그러므로 성령 체험을 강조하고, 성령의 인식 방법으로 감정이 포함된 전인격적 파악을 주창하는 그의 행보에서 오순절의 카리스마를 흠모하는 모습을 읽게 됨은 당연하다.

하지만 이런 주장은 오해를 불러일으킬 소지가 있다. 그가 오순절 교파에 속한 목사가 아니라 장로교의 목사로 활동하고 있다는 사실이 시사하는 한국적 뉘앙스와, 그 이면의 의미를 헤아릴 수 있는 사람은 이런 뜻을 보다 선명히 느낄 수 있다. 그는 교파를 불문하고 교회의

---

16. 창세기 강해설교집 제 1권, 36, 마태복음 강해설교집 제 9권, 149-151, 사도행전 강해설교집 제 1권, 42.
17. 사도행전 강해설교집 제 1권, 103.
18. 사도행전 강해설교집 제 1권, 104.
19. 로마서 강해설교집 제 1권, 380-398, 창세기 강해설교집 제 1권, 27-38.

'정통 주류'가 점차 '계시 실증주의적 건조함' 또는 '냉랭함'에 기울고 있는 현실에 안타까움을 품고 있는 듯하다.

성령 체험을 강조하고 신앙의 열정을 고취한다고 해서 그것을 감정적, 주관적 신앙에의 경도(傾倒)로 볼 수만은 없다. 하지만 어쩔 수 없이 신앙의 '뜨거움, 열심, 체험' 등의 개념이 인생의 '감정적' 차원과 관련이 있다는 점을 인정한다면 신앙이 갖는 감성과의 연관관계를 짚지 않을 수는 없다. 실상 신앙을 구성하는 것이 감정의 차원만이 아님은 자명한 명제다. 그러나 동시에 감성적 동일화의 체험 없이 전인격적 신앙의 결단이나 그리스도 신앙의 이성적, 논리적 파악은 불가능하다. 그것은 구분될 수 없는 인간 본질의 어느 한 측면일 뿐이다.

인간과 세계에 대한 깊숙하고 신축(伸縮)적인 파악 양식으로의 감수성을 배제한 신앙 이해는 생각하기 어렵다. 형해화(形骸化)된 논리로서의 신학과 교리는 성육신된 그리스도 육화의 신비를 반감(半減)하는 것이 된다. 물론 신앙세계에서 감정과 관련된 어떤 이해나 주장들도 흔히 비지성적 무지, 맹신, 무모성 등의 수식과 더불어 냉소되고 있음도 사실이다. 하지만 인간은 어쩔 수 없이 소위 이성과 감정의 변증적 긴장, 동화의 진폭에서 헤어나기 어렵다.

　이성과 감정은 나란히, 때로는 더불어, 때로는 이반하고 엇갈리며 인간성 내면의 신비를 구성한다. 문제는 맹목적 감정에의 몰입과 반지적 몽매주의, 그리고 그런 태도로의 눈먼 지도자의 내몰음이지, 감성 자체에 결손이 있다고는 아무도 생각지 않는다. 그럼에도 불구하고 이른바 '이지적 신앙'에 은근한 지지의 방점을 더하는 값싼 현학의 '기독교 식자'들은 신앙의 감정적 측면을 거론하는 것 자체에 경멸의 시선을 감추지 않는다.

　이런 상황을 충분히 인식하고도, 또 그러한 상황을 낳은 교회의 역사와 오도의 선례들을 헤아리고 있음에도 불구하고 하용조 목사는 다시 한 번 더 신앙이 갖는 체험과 격정, 열렬함을 거침없이 강조한다. "성령의 지배를 받게 되면 설교를 대하는 이 시간이 상상할 수도 없는 감격이고 흥분이며 온 몸에서 세포가 하나하나 살아 움직일 것입니다. 사랑하는 사람들은 온 몸의 세포가 다 살아있습니다. 그러나 사랑하지 못한 사람은 온 몸이 다 죽어 있습니다."[20]

　"참된 신앙은 체험을 동반합니다. 신앙은 머릿속에, 교리 속에 있는

20. 사도행전 강해설교집 제 1권, 84-85.

것이 아니라 마음속에 있습니다. …성령님에 대해서 백 번 설교를 듣는 것보다 여러분이 한 번 체험하는 것이 낫습니다. 하나님의 호흡을 체험하기 바랍니다."[21] 이런 종류의 반복된 강조는 그의 설교집 도처에서 발견된다. 이렇게 말하는 하용조 목사는 따라서 대담하다. 이 '대담함' 이야말로 오순절적이요, 사도행전적이다.[22]

되풀이 말하지만 하용조 목사는 신앙의 격정을 토로하고 나누려는 데 적극적이다. 이러한 격정은 체험적 신앙에 대한 그의 온 몸을 다한 강조가 웅변한다. 그의 사도행전 강해설교집에 수록된 장문의 오순절 관련 설교록[23] 에 실린 이러한 체험신앙에 대한 강조는 절규에 가깝다. 그가 기도한 다음의 문장에는 신앙적 체험에의 열정이 흘러넘친다. "성령님 오시옵소서. 내 영혼에 지진이 일어나게 하옵소서. 귀가 열려서 하나님의 음성을 듣게 하여 주옵소서. 내가 눈이 열려서 불이 보이게 하여 주옵소서. 성령이 불이 여기에도 임하고 내게도 임하고 내 교회에 임하고 한국의 온 교회에 임하게 하여 주옵소서. 뜨거워지게 하시고 느끼게 하시고 감격하게 하시고, … 이런 영이 내 안에 흐르게 하여 주옵소서."[24]

2. 오순절의 선교적 의미와 하용조 목사의 선교 의식

1) 성령과 선교 명령

오순절 사건은 교회 시대의 문을 활짝 열어 놓은 사건이다. 왜냐하면 사도들이 본격적으로 대외 선교 활동을 시작한 것은 이 오순절 사건 이후부터였기 때문이다. 그런 뜻에서 이 사건은 하나님이 세상을 창조하시고 인간 역사를 이끄시다가, 독생자 예수를 세상에 보내시어 인간을 구원하시게 되는, 그 구비구비 길고 긴 '구원 역사의 흐름'을 새롭게 바꾸어 놓았다는 뜻을 갖는다. 즉 구속사의 물줄기를 바꾼 사건이다. 이 일 이후 구속사는 유대인이라는 '한 민족' 중심의 역사가 아니라, '교회' 중심의 역사로 변환되는 것이다.

오순절은 교회의 탄생, 곧 새로운 역사의 탄생을 의미하는 사건이

21. 사도행전 강해설교집 제 1권, 77.
22. 오순절 이후에 보인 베드로의 담대한 성전 설교가 특징적이지만, 사도행전의 '대담한 선교자'들의 모습을 그리는 누가의 묘사는 사도행전 전편에서 발견된다. 더구나 누가는 구체적으로 용어조차 '담대하게'라는 단어를 사용하여 그들의 대담함을 표현한다. "빌기를 다하매 모인 곳이 진동하더니 무리가 다 성령이 충만하여 담대히 하나님의 말씀을 전하니라"(행 4:31)라는 표현 이외에, 행 4:31, 9:27 이하, 18:25 이하, 28:31 등에도 이 용어가 활용된다.
23. 사도행전 강해설교집 제 1권, 11-163.
24. 사도행전 강해설교집 제 1권, 85-86.

있다. 그러므로 오순절 사건이 제시하는 가장 분명한 메시지가 있다. 그것은 오순절 직후 베드로에 의해 행 2:39에서 강조된 말씀이다. 즉, 구원의 약속이 특별한 사람(특별한 민족)에게만 해당되는 것이 아니라, "이 약속은 너희와 너희 자녀와 '모든 먼 데 사람', 곧 주 우리 하나님이 '얼마든지 부르시는 자들'에게 하신 것"(행 2:39)이라는 점이다. 이것이야말로 교회의 탄생을 의미하고, 구원이 이방인에게도 허락됨을 보장하는 극도로 중요한 메시지이다.

이러한 구원과 선교가 널리 퍼진다는 뜻으로의 보편화가 오순절 성령 강림의 시점에서 특별한 강조의 형태로 나타나고 있다는 것은 우연한 일이 아니다. 사도행전의 저자 누가는 자신의 복음서 눅 4:18, 예수의 소위 '취임 연설'에서 이미 성령과 선교를 결합시켜 제시한 적이 있다: "주의 '성령'이 내게 임하셨으니(→성령) 이는 가난한 자에게 '복음을 전하게' 하시려고(→선교), 내게 기름을 부으시고 나를 보내사 포로된 자에게 자유를, 눈먼 자에게 다시 보게 함을 '전파하며' 눌린 자를 자유케 하고 주의 은혜의 해를 '전파하게' 하려 하심이라."

이와 같이 '성령과 선교'는 함께 나란히 나아간다. 이처럼 누가복음서의 예수와 사도행전 교회의 경우, 양자가 동일하게 '첫 활동과 첫 선포'가 모두 성령 모티프와 선교적 확장, 개방에 맞물려 있는 것으로 제시된다. 이 사실이 무엇을 시사하는가? 그것은 성령의 강림이 선교의 빗장을 열게 됐다는 점, 바로 그 점을 거듭 확인하는 것이다. 즉 이 사건 이후, 이방세계로의 '선교'가 시작되고, 점차 확대되었다는 것이다.

성령을 강조하고, 성령의 체험과 그로부터 말미암는 신앙의 열정과 헌신을 강조하는 하용조 목사의 관심이 그렇기 때문에 선교로 전향되는 것은 어찌 보면 자연스런 귀결이라 할 수 있다. 과연 그런 추측에 걸맞게 하용조 목사에게도 마치 누가에게서 그랬듯이 '성령과 선교'는 나란히 나아간다. 그가 선교에 기울이는 관심과 정열은 특별한 주목을 필요로 한다.[25] 그는 선교를 예수께서 내리신 '지상 최대의 명령'[26]으로 간주한다. 게다가 그것은 인간에게 내리신 '최대의 명령, 최후의 명령, 인간 역사를 근본적으로 갈라놓을 수 있는 명령'[27]으로까지 이

25. 온누리 교회의 선교활동은 대단히 역동적이다. 교회가 파송한 선교사 수효는 900명에 가깝고 향후 5년 내에 그 수를 2,000명까지 확대하겠다는 의지를 갖고 있다. 소위 특수 선교지로써의 북한에 대한 선교와 각종 지원 사업, 그리고 이슬람 국가 등에까지 이르는 선교의 노력은 눈부신 바가 있다.
26. 마태복음 강해설교집 제 12권, 285.
27. 마태복음 강해설교집 제 12권, 290.

해된다.

하용조 목사는 자신이 평가하는 성경의 핵심적 세 명령, 곧 창 1:28의 '문화적 명령' 과 요 13:34의 '삶의 명령' 과 더불어 교회에 부하된 '선교 명령' 을 가장 중요한 명령으로 파악하며 그 의미를 극대화시킨다. 교회의 존재 목적도, 기독교인의 생존 이유도 그는 선교에 있다고 본다.[28] 물론 선교의 주체는 하나님이요, 인간이 그 활동에 가담하는 것으로 보지만, 선교의 중요성을 되풀이 강조하는 그의 지적엔 비장함이 서려 있다. "우리가 죽는 것이 분명한 사실인 것처럼 남아 있는 우리 생애에서 마지막으로 유일하게 감당해야 할 목적과 사명은 '가서 모든 족속으로 제자를 삼으라. 땅을 정복하고 땅을 지배하라. 그리고 서로 사랑하라' 는 것입니다. 병들었든지 건강하든지, 부자이든지 가난하든지, 능력이 있든지 없든지, 우리 모두는 선교를 위하여 존재하는 것입니다."[29]

2) 오순절과 '온 누리' 로의 보편적 확대

하용조 목사가 섬기는 교회 이름, '온 누리' 가 시사하는 매우 상징적 의미들이 있다. 그것은 이 이름을 통해 하용조 목사와 그의 교회가 복음의 보편적 확대, 땅 끝에로의 정향, 목회 대상의 세계화 등으로 요약될 선교 지평의 무변성(無邊性)을 제시하고 있다는 점이다. 이런 목회적 관심의 지향은 정확하게 오순절의 신학적 의미 속에 누가에 의해 온전히 보존되어 있음을 다음과 같이 확인할 수 있다.

사도행전의 오순절 사건 묘사에 보면, 선교적 개방과 확장의 의미가 아주 다양한 형태로, 또 여러 각도에서 제시된다. 이 점은 오순절 사건이 갖는 상징적 의미를 더욱 풍부하게 드러내는 표현들이다. 누가의 오순절 기록에는 의도적이라고 생각할 수밖에 없는 특이한 언급들이 나타난다. '선교의 확장과 보편성'을 시사하는 함축적 표현들이 그것이다. 그것들을 간단히 살펴보면, 먼저 행 2:5에 보면 "경건한 유대인이 '하늘 아래(天下) 각국'으로부터(apo pantos ethnos) 와서"라는 말이 있다. 이 사람들이 오순절 사건의 증인 역할을 하는데, 바로 디아스포라 유대인들을 일컫는다. '하늘 아래(천하)'란 표현도 선교의 보편성을 시사하고, '각국'이란 표현 역시 마찬가지다.[30] 이같이 '하늘 아래 각국'이란 표현을 통해 저자는 그들 속에 숨어 있는 어떤 전 세

28. 마태복음 강해설교집 제 12권, 288.
29. 마태복음 강해설교집 제 12권, 289.

계적 보편성을 찍어 내어 선교의 개방성을 말하려 한 것이다.

선교적 다양성과 포괄성을 함축하는 또 다른 표현들을 열거하면, 행 2:6 "각각의 자기 나라 말' 로 제자들이 말하는 것을 듣고 소동하여"라는 말이 있다. '각각의 자기들이 사용하는 말' 이라는 표현으로 언어의 다양성을 표현한다. 8절에서는 "우리가 '우리 각 사람의 난 곳 방언' 으로 듣게 되는 것이 어찌된 일인가?"라는 말로 역시 언어의 다양함을 제시하여 선교적 개방과 포괄성을 시사한다.

또 9-11절에는 다양한 '지역' 을 열거하여 선교적 다양성을 함축한다. "우리는 바대인과 메대인과 엘람인과 또 메소보다미아 (유대와) 가바도기아, 본도와 아시아, 브루기아와 밤빌리아, 애굽과 및 구레네에 가까운 리비야 여러 지방에 사는 사람들과 로마로부터 온 나그네 곧 유대인과 유대교에 들어온 사람들(과 그레데인과 아라비아인들)이라 우리가 다 우리의 각 방언으로 하나님의 큰 일을 말함을 듣는도다"라는 말들을 발견할 수 있다.

정리하면, 5절에서는 이 사람들의 '출신지' 의 다양성을 강조하고 있고, 6, 8, 11절에서는 그들 '모국어' 의 다양성이 제시된다. 9-11a절에는 이들 출신지역의 긴 리스트가 열거 수록되어 있다. 요컨대, 누가는 오순절에 극히 다양한 사람들이 나타나서, 이상한 방언을 들었다는 요지의 말씀을 전한다. 그러면서 방언을 들은 사람들, 즉 선교 대상의 '민족적 다양성'을 강조하기 위해 여러 가지 다채로운 표현을 사용하고 있다는 것이다.

만약 행 2:14에 있는 대로("베드로가 열한 사도와 같이 서서 소리를 높여 가로되 '유대인들과 예루살렘에 사는 모든 사람들아 이 일을 너희로 알게 할 것이니 내 말에 귀를 기울이라…'") 오순절 사건의 증인들이 단순히 예루살렘 사람들이었다고 하면, 그 사람들의 출신지와 모국어의 다양성을 이렇게 강조할 이유는 없었을 것이다.

그렇다면 이처럼 여러 측면에서 오순절 참석자들의 민족과 언어, 출신지의 다양성을 강조하는 까닭은 무엇이었을까? 먼저, 이러한 출신지와 모국어의 다양한 열거는 오순절 방언 사건이 실제로 일어났다는 구체적 '사실성'을 입증, 강화하는 역할을 한다. 그렇게 하여 역사

---

30. 여기 'apo pantos ethnos'란 어구에는 번역상의 작은 문제가 있다. 여기 pantos란 every의 뜻도 있고, all의 뜻도 있다. 이 말이 '각국'(every nation)을 의미하는 것이 될 경우, 이 표현은 그 자리에 참석해 있던 사람들의 출신 지역을 열거한 것이 된다. 만일 이 표현이 '모든 나라'(all nations)를 의미한다면, 이 경우엔 9-11절의 지역 리스트가 대표, 상징성을 갖게 된다. 왜냐하면 '모든 나라' 출신이 오순절 사건에 참여한 것은 아닐 것이기 때문이다. 한글 개역을 포함한 대부분의 번역은 '각국'(every nation) 독법을 채택하는데 이 번역이 전후 맥락상 적당할 것이다.

적 시공 위에서 오순절 사건이 실제 벌어졌으며, 성령의 강림이 명백히 '가시적, 객관적' 현상으로 실현되었음을 증명하려는 것이다.

또 한 가지, 누가가 지역과 언어의 다양성을 강조하는 이유는 사도행전이 품고 있는 선교적 사명과 관련이 있다. 그것은 눅 24:47, 49에서 약속되고 행 1:8에서도 언급된 그 약속이, 성취된 오순절의 첫 날부터 넓은 세계, 곧 '온 누리'로의 선교라는 선교적 보편성을 띠고 시작됐다는 사실을 강조한다는 것이다. 다시 말해 성령이 사도들을 사로잡는 그 첫 날 첫 순간부터, 미래의 예수 재림 그날에 이르기까지 교회는 보편적 선교의 사명을 띠고, 그 보편적 사명 앞에 직면하게 되었음을 누가는 강조한다. 그러므로 누가가 여러 측면에서 제시하는 다양성 강조는 결국 미래 기독교 선교의 개방성을 제시하는 것이 된다.

이를테면 하용조 목사는 이처럼 누가가 파악한 복음의 보편 지평으로의 확대라는 구속사 인식의 연장선상에 정확하고 견고하게 자신을 위치시킨다. 행 1:8에서 예수의 입을 통해 제시한 '거룩한 지리학' 구도의 정점인 "땅 끝"까지 이르는 '온 누리'를 향한 선포와 섬김의 다짐을 그런 식으로 토로하고 있다는 것이다. 결국 위의 사항 모두들이 하용조 목사와 온누리 교회의 오순절적 관심과 오순절적 문제의식 속에 부지불식간에 녹아들어 있음을 확인할 수 있다.

3. 방언 이해와 '게토'를 넘는 쉬운 설교, 수용자 중심 목회

하용조 목사 설교의 특징 중 하나는 내용의 깊이에 견주어 그 표현의 평이함이 두드러진다는 점이다. 그의 설교를 듣거나, 여러 설교집 중 어느 곳을 읽거나 간에 누구든 받을 수 있는 인상은 그의 표현이 매우 쉽다는 것이다. 그가 누구나 용이하게 이해할 수 있는 쉬운 용어, 자연스런 문장, 대단히 친근감 있는 표현 등에 보통 이상의 관심을 기울인다는 점은 큰 주의를 기울이지 않고도 곧바로 알아차릴 수 있다. 설교가들에게서 흔히 발견되는 권위주의적 문어체와 고답적 표현들, 또는 현학적 자기도취 등은 하용조 목사에게 낯선 것들이다. 그가 표현의 난이(難易) 수위를 한껏 낮추고 있다는 점은 이견의 여지가 없다.

이것은 그에게서 무의식 중 자연스럽게 표출되는 자기 발현의 한 속성이라고 진단할 수도 있을 것이다. 하지만 우리는 이런 모습이 하용조 목사가 대단히 의도적인 노력과 진통 속에서, 많은 고뇌 끝에 선택한 의미 있는 자기표현의 한 원칙이요, 철학이라고 이해한다. 그리고 이런 표현 양식은 설교만이 아니라, 목회의 원칙이나 실천 등에서 유기적 관련을 갖고 다양하게 나타난다. 따라서 이것은 설교의 외형과 관련되는 것이 아니라 하용조 목사의 내면에 스민 목회적 신념과 관련된다는 것이다. 그리고 그런 것들이 철저히 오순절적 의미를 갖고 있음은 추후 살피게 될 것이다. 요컨대 하용조 목사는 철저히 설교의 '수용자 중심' 사고와 행동을 지향한다는 것이다.

이런 이해를 뒷받침할 방증들이 여럿 있다. 우선 그의 라이프 스타일은 매우 파격적인 측면이 있다. 격식과 허례, 차림새, 겉모습의 권위, 체면에 그다지 신경 쓰지 않고 있다는 것은 널리 알려진 바다. 그렇게 하여 교인들과의 격의, 거리감을 없앤다. 수용자인 교인들의 세계 속으로 들어가 그들과의 동화를 의식적으로 도모한다. 그러기 위해 권위주의적 교회 안팎의 관습과 거리를 둔다. 이것은 그동안 알게 모르게 형성시킨 한국교회 속의 계층의식과 경계(境界), 벽 등을 허무는 교회문화의 변혁과 관련되는 모습들이다. 점차 고착되어가는 교회 내의 허위의식, 무모한 권위주의에 도전하는 양상으로 기억될 수도 있다. 그리고 그 핵심에는 하용조 목사가 견지하는 변화와 자기 변혁에 대한 가치 부여가 있다.

그는 기독교의 근간이나 지켜야 할 원칙, 또는 본질적이고 항구적인 목적과 별반 관련이 없는 부차적 사안들이나 수단에 불과한 2차, 3차적 중요성만을 갖는 사항들에 관해서는 변화에 관대하다고 공언한다. "교회의 핵심 가치, 즉 '예수 그리스도를 통한 구원'이란 명제는 절대 타협할 수 없지요. 하지만 본질과 목적이 아닌 주변과 수단은 철저하게 바꾸고 있습니다."[31] 그의 교회가 파격적 예배형식을 채택하기도 하고, 분방한 현대 예술과 표현매체들을 적극적으로 도입, 활용하여 경건과 신앙의 표현 수단으로 삼는 등의 실험성을 보이고 있음은 익히 알려져 있다.[32] 그렇기 때문에 신세대 젊은이들의 폭발적 호응과 공감대를 확보할 수 있었던 측면도 있었을 것이다. 이런 모든 개방적 시도들은 하용조 목사의 앞선 감각과 문화의식, 또한 그의 열린 심성의 소산이리 이를 수밖에 없다. 어쩌면 그런 측면에서 하용조 목사는

---

31. 최홍섭, "멀티태스킹 실천하는 '디지털 리더십'", 「주간조선」 1853호 (2005년 5월 9일), 41.
32. 온누리 교회는 매주 목요일 저녁 '경배와 찬양'이란 이름의 대단히 역동적인 찬양집회를 갖는다. 또 비신자나 초신자를 위한 '열린 예배'에서는 각종 예술 장르, 예컨대 국악, 패션쇼, 발레, 워십(worship)댄스 등이 포함된 개방형의 실험적 예배가 이뤄진다. 이런 행사들에는 수천 명의 젊은이들이 운집한다.

문화적 자유주의를 호흡하는 신학적 정통주의자인 듯 보는 것도 크게 어긋난 것 같지 않다.

수용자를 우선시하는 그의 배려는 목회의 여러 차원에서 감지된다. 세대별, 직업별로 감성적 공분모를 나누는 사람들끼리 모임과 만남과 예배를 갖게 하려는 시도들, 예컨대 가정 화목을 위해 '아버지 학교' 나 '어머니 학교' 같은 프로그램을 열고, 연령대별로 40대를 위한 '비상구 전도집회', 50대를 위한 '브라보 전도집회', 60대를 위한 '앙코르 전도집회'를 개최하며, 44~55세 여성을 대상으로 한 '4455 드라마 클라이막스' 행사를 갖고, 직업별 맞춤 전도집회를 기획하여 의료인과 교사, IT인들을 대상으로 열어나가는 등의 활동들이 무엇을 의미하는가? 그것은 철저히 수용자 중심의 복음 선포를 실천하고 있음을 뜻한다. 수용자 중심의 전언, 수용자 사유세계와의 밀착 노력, 수용자 세계관 및 라이프 스타일과의 적극적 교류 의지를 하용조 목사의 위와 같은 활동들을 통해 확인할 수 있다.

그렇다면 왜 하용조 목사의 이 같은 설교와 활동, 문제의식 등이 오순절적 성격을 갖는 것으로 규정하는가? 이 점을 확인하기 위해서는 사도행전 기사를 가까이 관찰할 필요가 있다. 사도행전의 오순절 정황 묘사에는 여러 종류의 기적적인 요소들이 보고된다. 그러나 그 중에서도 가장 강렬한 기적이 있다. 그것은 오순절에 참여했던 10여 개 이상의 다른 지방 출신, 다른 언어 사용자들이 예루살렘 교인들의 '언어(방언)'를 '알아들었다'는 방언 '이해'의 기적이다. 물론 방언을 '말했다'는 기적도 경이롭고 인상적인 것은 사실이지만 그것을 '이해하고, 알아들었다'는, 행 2:7의 표현 그대로 '놀랍고, 신기로워 했던' 사건에는 미치지 못한다. 행 2:12에 보면, "사람들이 모두 놀라 어쩔 줄을 모른 채, '이게 도대체 어찌된 일이냐? 고 말했다"고 했는데, 그런 표현이 매우 적절할 상황이었다.

그런데, 여기 경이로운 해석학적 기적을 기록하고 있는 구절들은 특별한 의미를 제공한다. 즉 이 진술의 배후에는 차후로 기독교인들이 이루게 될 선교활동에서 가장 중요하고 본질적인 장애일 수 있는 '언어 징벽'의 극복이라는 상징적 의미가 숨어 있다. 물론 오순절 이후에 바벨탑 이전 상황이 회복되는, 언어 장벽의 마술적 붕괴가 벌어진 것은 아니다. 그렇지만 오순절 언어사건은 '세계 각국'(행 2:5) 사이에 놓인 엄청난 실제적 장벽으로서의 이질 언어가, 성령의 은사를 힘입은 구속사의 새 시대 사람들에게는 본질적, 치명적 장애가 될 수

없다는 점을 깨우친다.[33] 그렇게 함으로써 '특수세계'의 언어적 폐쇄
를 넘어, '보편세계'로의 선교적 지향과 진입을 암시하는 열린 언어의
공간을 제시한다. 방언이 '이해'된 경우, 그 언어는 더 이상 닫힌 사유
의 회로가 아니라, 열린 의식과 존재의 도구요, 집이 된다.

그러나 정작 해석학적 기적과 관련, 여기 우리의 논의와 직접 관계
가 있는 것은 바로 다음에 나타나는 사항들이다. 그것은 최초의 교회
가 주변 모인 사람들에게 말씀할 때에, 교회 안에서, 교회 안의 사람들
자기들끼리만이 통하는, 그들만의 언어로만 말하지는 않았다는 것이
다. 즉, 여기서 '방언'이란 '교회 안'의 언어를 말하는 것이다. 그런데
그 방언을 '주변 사람들'이 알아들을 수 있었다는 것, 이것은 교회가
자기들만 알아들을 수 있는, 자기들만의 언어로 설교하고, 교제하고,
우애를 나누는 것을 거부했다는 것을 시사한다. 이점은 언제나 교회
를 깨우치게 하는 바가 크다.

오늘날 우리의 언어가 얼마나 교회 바깥의 언어와 괴리되어 있는
가. 가령 예수 믿지 않는 사람들에게 일반 강단의 매 주일 설교를 한번
들어보게 한다 하자. 그것은 모르는 단어, 낯선 용어, 교회 속에서만
통하는 암호로 가득 찬 수수께끼의 연설일 때가 많다. 심지어 예수 믿

는 젊은 세대에게도 어른들의 설교와 강론은 태곳적 옛날 용어와 어투로 가득 찬 자욱한 안개로 느껴질 때가 많다. 교회는 실상 교인들끼리만 통하는 언어로 사랑하고 가르치고 양육한다. 하지만, 그것은 일찍이 교회 탄생 시절부터 교회의 본질로 이해됐던 교회의 소위 '눈높이 언어관'과는 일치하지 않는다.

초대 교회는 바깥에 사는 '그들의 말'로 선포했지, 그들로 하여금 '교회의 말'을 배우게 하지 않았다. 우리의 언어가 이 시대의 언어와 관습과 사유양식과 부단히 대화, 대결하며 그들의 언어로 그리스도 사건의 말씀을 전하도록 해야 한다는 것, 그것이 교회의 게토화를 막는 길이다. 이것을 오순절 언어 사건이 가르친다.

이러한 오순절 방언 이해의 기적이 제시하는 의미란 결국 하용조 목사가 시도하는 '수용자 중심의 전언, 수용자 사유세계와의 밀착 노력, 수용지 세계관 및 라이프 스타일과의 적극적 교류' 속에 그대로 나타나고 있다고 보아야 한다. 그의 설교와 목회의 다양한 노력들은 바로 오순절 방언 이해의 의미를 실천하는 전형적 모습을 띤다. 교회

---

33. 이러한 이해를 간접적으로 뒷받침하는 것이 바로 오순절 기록에서 발견되는 '말, 소리, 언어'에 관한 저자의 주목할 만한 관심 표명이다(말과 언어 행위에 관련된 어휘 12개 등장).

가 자기 세계에 갇혀서 외부의 관심과 시대적 난제로부터 유배당한 채 고립된 섬으로 남을 가능성을 배제하고 바깥세상의 언어로, 그들 귀에 이해되는 복음을 전파하려는 하용조 목사의 의지는 오순절적 상황과 닮았다. 따라서 하용조 목사의 목회와 설교에는 오순절의 의미가 명시적 '오순절 따르기'에서뿐만 아니라, 예기치 못한 방향과 접근에서까지 깊숙이 침윤, 내면화되어 있다고 평가할 수 있다.

대개 열정적 신앙을 강조하며 '뜨거운 믿음'을 푯대로 일로매진하는 설교자들은 매우 단순한 성경읽기에 익숙하다. 성경이 제시하는 고대 언어의 벗은 몸에 21세기 오늘의 문명과 세계관의 옷을 그저 덧입힌다. 고대 성경 세계에 관한 아무런 고민도, 역사—문화적 상황의 차이에 관한 천착도 없이, 흔히 관습처럼 행해 왔던 그대로, 20세기라는 시간 격차를 전혀 인정치 않은 채, 고대의 언어에 담긴 내포(內包)와 외연(外延), 명시적, 또는 암시적인 함축들을, 오늘 우리의 언어감각으로 그대로 읽어 버린다. 말하자면 기계적 자동 번역의 전사(轉寫) 행위를 주저 없이 행하고, 무서운 해석학적 폭력을 별다른 고뇌 없이 쉽게 구사한다는 것이다.

고대의 언어 속에 21세기의 의미론을 주사(注射)해 버리는 이 횡포는, 오늘 우리의 보편적 현실이 되어 있다. 이것이 지금까지도 우리 주변에서 다반사로 벌어지는 설교의 양태였다. 그러한 거두절미한 주관적 성경해석의 대표적 사례들이 소위 '기복주의적' 축복신앙의 남발이다.

이런 점에서도 하용조 목사는 이른바 '위태로운 모험적 부흥사들'과 극명한 대비를 이룬다. 한국교회 발전에 중요한 기여를 했던 부흥사들이 근래 우려의 대상으로 관찰되는 이유는 다른 데 있지 않다. 신앙과 실천의 부조화에 대한 자기 반성의 실종 때문이다. 신앙 신조를 철저히 공유하고, 더구나 오순절적 열정마저 공유하는 이들 지도자들과 하용조 목사가 비교되는 것은 그가 기독교인의 삶, 윤리적 실천,[34] 고결한 영성과 경건[35]을 강조한다는 것이다. 소위 교회 지도자의 도덕적 불감증과 관련된 수치스런 행태에 대한 하 목사 나름의 집요한 성찰과 비판이 내면화되어 있음을 방증하는 대목이다.

하용조 목사가 역점을 두어 실천하는 성경 강해, 강해를 통한 설교가 지향하는 궁극적 목표는 신앙의 고양과 전파에 있다고 확언할 수 있다. 그렇다면 이런 궁극적 목적에 이르기 위한 실천적, 구체적 목표는 어느 지점에 설정될 수 있을까. 이것은 하용조 목사의 성경 강해가 구성하는 해석학적 통찰과 관련이 있다.

하 목사는 말씀을 통한 삶의 변화를 누누이 강조한다.[36] 물론 변화의 주체는 예수임이 분명하다. 하지만 그리스도를 믿고 그의 생명에 참여한 사람에게 나타나는 것은 그의 '삶의 변화'라는 점, 이 사실에 대한 강조는 그의 설교 거의 전편에 걸쳐 되풀이 환기되는 실천적 교훈이다. 이 변화의 핵심이 무엇인가. 그것은 말씀의 실천이요, 화육이요, '결단과 행동'을 뜻한다.[37]

그리스도의 행동에 대한 그의 강조는 다음 표현들을 통해 나타낸다. "우리가 이 세상에서 애통하는 '삶을 살면' 세상은 변합니다. …형제의 죄, 민족의 죄를 내 죄로 알고 애통하며 '살면' 세상은 변합니다. … 마음이 깨끗한 '삶을 살 때' 세상은 변합니다. 화평하게 하는 '삶을 살 때' 세상은 변합니다."[38], "그리스도인은 믿는 대로 '사는' 사람입니다. 기독교는 믿는 것과 '사는 것'이 달라질 때 위기가 옵니다. …

---

34. "이제는 한국교회가 적극적으로 세상에 참여해야 합니다. 그리고 교회가 자체적으로 잘못된 것을 과감하게 개혁해야 합니다. …또한 온누리 교회가 사회 정화에 깊은 관심을 가져야 합니다. 정신, 도덕, 윤리에 대해서 우리가 책임을 져야 합니다.", 온누리 신문, 2003년 10월 5일자, 7.
35. 히브리서 강해설교집, 477-486. 하 목사가 기울이는 경건한 삶에 대한 관심을 따로 언급해야 하지만 우리의 제약상 어쩔 수 없이 이 부분을 지나치지 않을 수 없었다. 하지만 하 목사는 경건을 매우 중요시하고 강조한다.
36. 로마서 강해설교집 제 2권, 202-206.
37. 마태복음 강해설교집 제 8권, 150-152.
38. 마태복음 강해설교집 제 8권, 151-152.

그러나 진정한 기독교의 개혁과 기독교의 부흥은 언제 일어납니까? 믿는 대로 '살 때' 입니다. 목사는 설교하는 대로 '사는' 것입니다. 여러분은 말씀을 읽는 대로 '사는' 것입니다."[39]

이를테면 하용조 목사는 말씀을 인식하는 데 그치거나 구호로 되뇌는 것이 아닌 그 말씀의 내용을 "살아가는" 삶의 실천을 통한 성경 해석을 주장하고 있다는 점이다. 이렇게 말하는 것은 결국 성경 연구의 정수(精髓)란 결국 몸으로 풀어놓는 성경 해석, 즉 '행동의 성경해석학' 임을 강조하는 것과 다름이 없다. 다시 말해, 몸의 움직임으로 그려 내놓는 행동의 해석학이 성경 해석의 핵심이라는 뜻이다. 하용조 목사가 파악한 말씀 인식, 또는 성경 읽기 최후의 경지는 성경의 교훈 그대로를 세상이라는 공책 위에 인간의 '보이는' 몸짓, 행동이라는 육체의 글쓰기로 기록해 나가는 데 있다는 것이다.

이런 하용조 목사의 이해를 달리 표현할 수도 있다. 성경 해석자로의 모든 그리스도인들은 단순히 성경을 읽고 공부하는 수동적 참여자에 머물지 않고, 텍스트 '쓰기(읽기 아닌 쓰기)' 에 능동적으로 가담하여 오늘 우리를 위한 텍스트를, 원저자이신 하나님과 내가 공저로, 즉 그의 텍스트에 나의 독법이라는 '행동의 쓰기 행위' 를 통해 함께 써

나가는 적극적인 '텍스트 읽기(텍스트 쓰기라고 말해도 무방할 것)' 작업에 참여하는 방법을 실현하는 것이라고 말할 수 있다는 것이다.

그것은 역동하는 성경 텍스트의 부름에 기독교인의 주체적 답변을 섞는 것이다. 텍스트의 해석이 채울 여분의 공간에 크리스천 행동을 통한 해석을 덧붙임으로, 오늘 여기에서 21세기에 합당한 또 다른 얼굴의 텍스트를 제시하여 제 3의 해석적 연쇄를 불러오게 된다는 것을 뜻한다. 즉 우리가 쓰는 우리의 '행동' 이라는 "오늘의 케리그마"를 읽는 제 3자들, 비기독인들에게 말씀의 충격으로의 변화가 연발하기를 바란다는 것이다. 여기에는 성경 본문이 몸으로의 해석을 통해 현대에 되살아나고, 현대를 향해 발언하는 살아있는 말씀이 되게 하는 깊은 뜻이 숨겨 있는 것이다. 이렇게 하여 고대의 성경은 기독인의 '몸의 해석' 을 통해 그 온전한 텍스트로 오늘날 다시 태어나 자기 완결케 된다는 이해인 것이다.

그런 철저한 의식이 있었기에 하용조 목사는 '결단과 행동' 의 결과, 인간 삶과 사회의 '변화' 가 일어날 수 있다는 주장을 도처에서 할 수

39. 에베소서 강해설교집, 264-265.

있었던 것이다. 행동으로 써내려가는 성경 강해의 해석학이라고 이를
수 있는 대목이다. 바로 거기를 하용조 목사 설교의 윤리학과 성경 해
석학이 만나는 부분이라 이를 수 있다.

(1) 위에서 언급한 바 있듯이 짧은 지면에서 하용조 목사의 설교세계를 전반적으로 정리하고 본격적 논의를 하기는 어렵다. 다만 우리는 그의 설교가 보여주는 신앙의 열정과 경건, 선교에 대한 강력한 의지, 설교 수용자를 배려하는 매우 치밀하고 인상적인 노력들, 그리고 신앙의 윤리적 실천과 관련하여 성경 해석학의 궁극으로서의 기독교인의 삶에 대한 그의 몰두를 간략히 살펴보려 하였다. 이러한 모든 덕목들을 규명, 해석하면서 우리는 사도행전적 오순절의 역동성을 해명의 열쇠로 설정하였고, 그로 인해 하용조 목사 이해의 관건은 오순절의 카리스마적 신앙양태임을 확인할 수 있었다. 그것은 그의 성령에 대한 헤일 수 없는 강조를 통해 입증된 것이다.

이 모든 설교내용은 또한 '성경강해'라는, 매우 이상적이지만 실천하기는 힘든 형태로서 제시된다는 점도 지적했다. 오순절로 비롯된 초기 기독교의 시작이 열정과 선교와 경계 넘기, 변화된 신자의 삶으로 대변되듯, 하용조 목사의 설교가 강조하는 모습은 오순절적 신앙의 비전, 그리고 그것의 현실화라고 말할 수 있다. 그의 섬김을 통해 나타난 온누리 교회의 현실은 다소의 정체(停滯)와 무력감으로 활력을 잃기 시작하는 우리 교회에게 '선교의 전위'(avant garde)로서, '재부흥의 기수'로서 살아있는 모델 역할을 하고 있다고 평가할 수 있다.

(2) 하용조 목사의 설교를 규정하는 주요 개념 중 하나는 그가 보이는 균형감각이다. 그의 신앙이 뜨거움을 지향하지만 열광주의적 몰입으로 빠지지도 않고, 그의 세상을 향한 사명감이 남다르지만 십자군적 아집에 사로잡히지 않으며, 그의 교회에 대한 사랑이 눈부시지만 바깥세상으로부터의 유폐를 의도하지 않는 것 등이 그의 균형 있는 세계관을 반증한다. 물론 이것은 분석적 개념이라기보다는 그의 생애, 또는 인격과 관련된 인상적 평가일 수 있다. 하지만 그의 개인적 역경을 감안한다면 이는 그의 삶 자체가 던져주는 의미 있는 시사점일 수 있다.

하용조 목사에게는 복음 선포에 대한 열정적 집착이 있음을 이미 지적했다. 가히 용암처럼 솟구치는 정열이라 불리도 모자람이 없다. 이 부분을 다시 강조하는 데는 이유가 있다. 그것은 그의 개인적 삶이 품고 있는 병고(病苦)라는 위기를 감안했기 때문이다. 흔히 하용조 목사를 가리켜 '움직이는 종합병원'이라 부르기도 한다. 사람들은 그의 육체적 건강이 한계를 넘었다고 말한다. 그가 대학 시절 폐결핵을 앓다가 치유된 줄 알고 군에 입대했는데 다시 재발했다던가, 신학교 졸업 이후 연예인교회 목회 기간 중 간 질환과 당뇨를 앓았으며, 마침내 5년 전에는 간암에 걸렸고, 그 후 간암 수술만 여섯 번 받은 데다, 지금은 합병증으로 신장염까지 앓고 있다는 사실 등은 그의 건강 상태를 알게 하는 조견표다. 이 병력(病歷)을 고려한다면 그의 목회와 정력적 활동은 거의 기적적이라고 말할 수 있다.

죽음과 몸으로 맞대고 치열하게 활동하는 이가 있다면 그의 삶을 묘사하는 용어로는 '사생결단'이란 말밖에 없다. 하용조 목사가 그러하다. 그는 사생결단하듯 설교와 목회활동을 하고 있는 셈이다. 가히 목숨을 건 목회를 하고 있다고 말할 수 있다. 그런 목숨 건 메시지에서 용암 같은 열정을 읽지 못한다면 그것은 의도적 기만이라고밖에 말할 수 없다.

이 병고의 위기태(危機態)는 그의 메시지 해명의 또 다른 단초를 제공하게 된다. 그것은 육체적 연약함을 통한 하나님께 대한 강철 같은 신앙이 오히려 자신의 위기와 병고를 객관화시킬 수 있는 응시의 공간을 제공했다는 것이다. 질병 속의 이 응시, 하나님과 인간과 세계와 교회, 그리고 자신을 바라볼 수 있는 응시, 그 응시야말로 하용조 목사의 겸허를 설명하는 이유로 보아야 할 것이다.

분방한 라이프 스타일의 겉모습이 어떠하고, 겉말씀이 어떠하든 하용조 목사의 내면에는 죽음에 이르는 병을 앓아 본, 앓고 있는 이의 깊은 겸허가 있다는 단언을 하게 된다. 그렇지 않고는 죽음의 고비를 몇 번씩 넘은 이로서 저토록 치열하고, 저토록 처절하게 목숨을 걸고, 또 걸고 다시 걸면서 말씀 선포에 나서는 것을 이해하기 어렵다. 그렇기 때문에 그의 겸허는 인간에 대한 겸허가 아닌 하나님께 대한 겸허가 된다. 결국 이 겸허는 생명을 건 자기 헌신, 즉 온몸을 던져 그려 내는 그만의 독특한 '성경 해석학'을 이루게 만들었다는 이해다. 그리고 그

겸허가 그의 설교에서 보이는 신앙과 신학과 세계인식에 있어서의 균

형감각의 근원이라 말할 수 있다.

그의 사명은 어떤 지역이나 제도나 사상에 얽매인 것이 아니라 이것들을 뛰어 넘어
온 누리, 온 세상을 향해 복음을 선포하는 것이고 그 선포의 출발점이 되는 곳이 **온누리** 교회이다.

2장

온 세상을 위한 설교, 온 나라를 위한 목회

－하용조 목사의 설교와 목회

강사문 장로회신학대학교 구약학 교수

온 세상을 위한 설교, 온 나라를 위한 목회

■ 시작하는 말

하용조 목사의 설교와 목회는 그가 섬기는 온누리 교회의 이름처럼 온 누리를 위한 설교이고 목회이다. 즉 그의 설교는 온 누리, 온 세상을 위한 설교이고, 그의 목회도 온 누리를 위한 목회이다. 그의 사명은 어떤 지역이나 제도나 사상에 얽매인 것이 아니라 이것들을 뛰어 넘어 온 누리, 온 세상을 향해 복음을 선포하는 것이고 그 선포의 출발점이 되는 곳이 온누리 교회이다. 바로 이것이 온누리 교회의 사명과 비전이다.

이제 우리는 온누리 교회에서 선포된 설교를 통해서 하용조 목사의 설교를 연구할 뿐 아니라 그의 설교와 신학의 열매인 목회 전반을 검토함으로써 통전적인 설교와 설교자의 상을 찾아보려고 한다. 예수님도 3년간의 복음전파만으로 천국복음을 완성한 것이 아니라 공생애와 그가 지신 십자가와 부활 등 그의 삶 전부를 통하여 하나님 나라를 구현한 것처럼 하용조 목사의 설교와 목회 전반에 관한 이해가 요청된다. 따라서 먼저 하용조 목사의 목회 구조를 살펴보고, 그리고 이런 목회의 씨앗과 뿌리가 된 설교들과 설교자 상을 검토하여 보려고 한다. 설교가 뿌리이고 목회가 열매, 또는 설교가 소프트웨어라면 목회는 하드웨어와 같다고 할 수 있기 때문에 상호 연계 속에서 먼저 목회 구조부터 살펴보고자 한다.

1. 온누리 교회를 통한 성령, 하나님의 목회

하용조 목사의 목회는 온 누리에 복음을 전하고 세상을 변화시키는 목회이기 때문에 그의 목회는 지역이나 제도나 교파의 제약을 받는 것이 아니라 복음 전파를 위해 항시 열려 있고 미래를 향해 비전을 제시하는 목회이다. 2002년 첫 주일에도 "새해에는 교회에 영적 부흥이 일어나 온 교우들은 세상을 변화시키는 주역으로, 참된 지도자로, 섬기는 종으로, 방관자가 아니라 참여자로, 지배자가 아니라 섬기는 자로, 비판자가 아니라 치유자가 되게 해 달라"는 기도를 드리며, 온누리 교회가 성경 중심의 교회, 복음 중심의 교회, 선교 중심의 교회, 긍휼을 베푸는 교회, 그리스도의 문화를 심는 교회가 되기를 바라는 의미에서 위의 표어들을 교회의 목표로 다시 강조하고 있다.[1]

온누리 교회는 1985년 10월 6일 창립되어 올해로 20주년을 맞이한다. 20년 된 청년 교회로 서빙고동 성전과 양재동 성전을 중심으로 주일마다 5만 명 이상의 교우들이 모여 설교자의 말씀을 경청하고, 말씀에 감격한 교우들은 서로 사랑하며 "주님 가신 곳은 어디든지 가오리다. 주여 나를 보내소서!"라는 청원기도를 하고 있다.

1) 사도행전적 교회 목회

하용조 목사의 목회는 사도행전적 교회상에서 출발한다. 사도행전에서 보여 주는 초대 교회의 참 모습을 교회의 모델로 제시한다.

"온누리 교회의 비전은 예수님이 인도하시고 사도행전에서 보여 준 바로 그 교회를 세우는 일입니다. 예수님이 의도하신 교회란 구원받은 성도들의 예배 공동체요, 예수님이 주인이신 공동체요, 음부의 권세가 이기지 못하는 능력 공동체요, 천국 열쇠를 가진 전도 공동체입니다. 그러면 사도행전적인 교회는 어떤 것입니까? 그것은 성령으로 잉태된 성령의 공동체요, 십자가와 부활을 전하는 증인 공동체요, 땅 끝까지 복음을 전하는 선교 공동체입니다."[2]

5년간 사도행전을 강해설교 함으로써 교우들은 사도행전에 나타난 참 교회와 교인들의 모습을 직감하게 되었다. 「성령받은 사람들」(강해설교집 1권), 「변화된 사람들」(2권), 「세상을 바꾸는 사람들」(3권)로 구성된 세 권의 강해설교 시리즈는 교우들뿐만 아니라 교회의 본질을 배우려는 사람들에게 필독서가 되었다. 3권 83편으로 구성된 사도행전 강해설교집이 지난 5년간에 29쇄를 기록했다는 사실만으로도 그의 설교가 얼마나 감화력과 위력이 있었는지 입증된다.

그래서 담임목사인 하용조 목사는 온누리 교회에서 사도행전의 교회와 같은 사건이 일어나기를 간구한다. 그렇게 되기 위해서는 교인들이 하나님께 헌신하고 결단할 것을 강조한다.

"그러기(사도행전적 교회가 되기) 위해서는 헌신해야 합니다. 그러기 위해서는 포기해야 합니다. 이것도 하고 저것도 하고, 이것도 생각하고 저것도 생각하는 사람에게는 아무 일도 일어나지 않습니다. 그리고 결정해야 합니다. 시간을 바쳐야 합니다. 만약 몸으로 우리의 삶을 하나님 앞에 드릴 때 어떤 일이 일어납니까? 산골짜기에 있을지라도,

1. 온누리 신문 (온누리 교회 발행, 2002, 1월 6일), 1.
2. 하용조, 「세상을 바꾼 사람들」(서울: 도서출판 두란노, 1999), 서문.

지방에 있을지라도, 사람들이 알아보지 못한다 할지라도, 그 한 사람 때문에 아시아에 있는 유대인과 헬라인이 다 주의 말씀을 듣게 됩니다. 성령의 역사들이 놀랍게 일어납니다."[3]

그는 이런 헌신과 결단하며 모인 성령 공동체의 주인은 예수 그리스도이고 그분 위에 세워진 교회만이 참 교회임을 다시 한 번 더 마태복음 강해에서 다섯 항목으로 나누어 강조한다.

"첫째, 주님의 교회는 반석 위에 세워집니다. 진정한 교회는 주는 그리스도시요 살아계신 하나님의 아들이시라고 고백하는 교회입니다. 둘째, 예수님이 세우신 교회만이 진정한 교회입니다. 셋째, 교회의 주인은 사람이 아닙니다. 예수님은 "내가 반석 위에 내 교회를 세운다"고 말씀하셨습니다. 오늘 이것을 잊어버리고 있는 교회들이 너무나 많습니다. 교회의 주인은 예수 그리스도 한 분 뿐이십니다. 넷째, 교회는 음부의 권세가 이길 수 없는 곳입니다. 다섯째, 예수님께서 반석 위에 '교회'를 세우겠다고 하셨습니다. 반석 위에 회당을 세우리라, 성전을 세우리라 하시지 않고 교회는 세우겠다고 하셨습니다. 우리는 교회를 교회당이라고 생각합니다. 교회당과 교회는 다릅니다. 건물은 교회가 아닙니다. 교파나 제도가 교회가 아닙니다. 진정한 교회의 본질은 그리스도의 몸입니다. 교회는 그리스도의 신부입니다. 교회는 하나님의 거룩한 백성들의 모임입니다."[4]

이런 참 교회의 본질과 사명이 하나님의 역사로 온누리 교회를 통해서 하나씩하나씩 성취되어 가고 있음을 하용조 목사는 겸허한 태도로 증언하고 있다.

"온누리 교회를 볼 때, '이것은 하나님께서 하셨다' 라는 생각이 드는 것이 있습니다. 그 중 하나는 '2천/1만 비전' 입니다. 이것은 인간이 하지 못하는 것입니다. 하나님께서 하신 것입니다. 어떻게 한 교회가 2,000명의 선교사를 보낼 수 있겠습니까? 그러나 그 일이 지금 일어나고 있습니다. 건축이 다 된 선교센터를 보면 이것도 하나님께서 하셨다는 생각이 듭니다."[5]

3. 하용조, 「세상을 바꾼 사람들」(서울: 도서출판 두란노, 1999), 208-209.
4. 하용조, 「참된 신앙고백」(서울: 도서출판 두란노, 1996), 158-162.

온누리 교회가 초창기 12가정으로 이루어졌을 때에 그가 주의 음성을 듣고 서원한 내용이 2천/1만 비전이다. 즉 2천/1만의 비전이란 2,000명의 해외 선교사를 파송하는 일과 1만 명의 사역자를 양육하는 사역이다. 장단기 선교사를 합하여 현재 파송한 선교사들은 모두 602명이고 지금까지 파송된 숫자는 907명에 이른다. 현재까지 이런 숫자는 2,000 비전 목표의 반 정도는 도달한 셈이 아닌가? 한 교단도 아닌 한 교회가 2,000명의 선교사들 파송한다는 일은 기적적인 일이 아니겠는가?

1만 사역자란 2010년까지 1만 명의 평신도 사역자를 양성하여 삶의 현장에서 그리스도를 증거하는 일이다. 현재까지 수천 명의 사역자가 일대일 사역 훈련을 하고 있고 해외에 있는 사역자만도 460명에 이른다고 한다. 이 얼마나 놀라운 일인가? 일대일의 평신도 사역이 아닌 평신도의 팀 사역도 100여개의 팀으로 나뉘어 역동적인 교육, 봉사, 전도에 매진하고 있으니 교인으로 임무가 없는 교인이 없다는 것에 온누리 교회 교우들의 특징이 있다고 하겠다.

2) 성령체험을 통한 교회 목회

그의 목회방침은 체험중심의 목회이다. 하나님체험, 성령체험, 전도체험, 구원체험 등 다양한 체험을 통해 확실한 신앙에 도달하도록 안내한다. 구약에서 체험이란 하나님을 아는 지식 또는 아는 것으로 이해된다. 하나님을 머리로 아는 것이 아니라 온 몸으로 체험해야 확실히 이해된다는 것이다. 따라서 교인이 되기 위해서는 죄의 고백과 함께 성령체험이 요청된다.

사도행전 초반부에서 "성령받은 사람들"이란 설교를 통해 중생과 성령체험을 통해서 확실한 구원에 거하게 한다. 이런 경험과 체험이 있을 때만이 역동적인 교인들로 양육될 수 있다. 성령체험을 하고 성령을 받았다는 것은 성령의 지배를 받는 것을 의미한다고 사도행전 설교를 통해 역설한다.

"성령님이 임한 상태란 성령 하나님이 기도하는 백이십 명 모두에게 인격적으로 임하셨습니다. 이제 (성령이) 그들을 지배하고 통치하

---

5. 하용조, 「광야의 삶은 축복이다」(서울: 도서출판 두란노, 1998), 37.

기 시작했던 것입니다. 그들 안에 충만하게 나타나셨습니다. 그들은 더 이상 자기 자신이 아니었습니다. 우리는 더 이상 우리가 아니어야 합니다. 변화된 우리가 되어야 합니다. 그들은 성령님의 통제 아래 들어가 그분의 지배를 받기 시작합니다."[6]

사도 바울도 이런 비밀을 증언하고 있다. "만일 너희 속에 하나님의 영이 거하시면 너희가 육신에 있지 아니하고 영에 있나니 누구든지 그리스도의 영이 없으면 그리스도의 사람이 아니라"(롬 8:9). 그래서 성령의 지배 아래 있는 자는 예수 그리스도 안에 있는 자이다.

"내 안에 사는 이는 예수 그리스도입니다. 나는 더 이상 내가 아닙니다. 그리스도가 내 안에 계십니다. 성령님이 생각하십니다. 너무나 강력하게 성령님이 내 마음 안에서 생각하게 하십니다. 성경을 읽을 때나 기도를 할 때, 내가 무슨 일을 할 때든지 그분이 내 생각을 사로잡고 계십니다.

여기에 성령받은 사람들이 성령의 음성을 들었다는 성경적 근거가 있습니다. 많은 사람들이 성령의 음성을 듣고 성령님의 뜻을 알았다고 간증하고 고백합니다. 사실입니다. 목사만 들은 것이 아니라, 은사 받은 사람만 들은 것이 아니라, 예언자만 들은 것이 아니라, 거기서 기도하고 있던 모든 사람이 성령의 음성을 들었습니다." 이는 베드로가 가룟 유다 대신 맛디아를 뽑자는 이야기에서 나타납니다. "이것은 베드로가 상상해서 짐작해서 한 말입니까? 계획해서 한 말입니까? 아닙니다. 성령이 시키셔서 말했을 뿐입니다."[7]

오늘 우리 한국교회의 문제점들을 직시한 하용조 목사는 오늘날 우리 교회의 문제는 성령의 역사로 나타나는 성령의 능력이 없다는 것이라 지적하였다. 하 목사는 능력 있는 사도행전 교회의 모습으로 회복되기를 호소하고 있다.

"이 오늘날 현대교회에는 건물도 있고 제도도 있고 돈과 모든 것이 다 있고 실력 있고 권력 있는 사람도 많습니다. 교회 자체가 세상에서 가장 큰 집단으로 일어났습니다. 그러나 능력이 없습니다. 제도화되었으나 생명력을 잃어버린 것입니다. 사람들은 교회에 왔다 갔다만

6. 하용조, 「성령받은 사람들」(서울: 도서출판 두란노, 1999), 90.
7. 하용조, 「성령받은 사람들」(서울: 도서출판 두란노, 1999), 90-93.

합니다. 이것은 초대 교회의 모습이 아닙니다. 진정한 교회가 아닙니다. 저는 오늘 우리 교회가 다시 사도행전 교회로 돌아가기를 바랍니다. 우리 교회의 모든 성도들이 초대 교회의 성도들이 되기를 바랍니다. 우리는 기독교를 다시 찾아야 합니다. 정말 생명의 종교, 성령의 능력, 하나님이 동행하는 것을 회복해야 합니다."[8]

따라서 온누리 교회는 사도행전적 교회로 성령이 교우들을 지배하는 교회이기 때문에 엄청난 기적의 사건들이 일어났고, 성령 하나님은 그들을 지배하셨고 통치하셨다. 그들의 인격 속에 내재하셨다. 성령충만이 이루어졌다. 그들의 지(知), 정(情), 의(意)의 모든 삶 속에 이 성령이 충만하게 채워졌다고 고백할 수밖에 없다.

마지막으로 성령충만한 교회, 말씀충만한 교회는 자율성에 의한 교회이므로 제도나 조직으로 강요하는 강제성이 없다는 것이다. 교우들이 교회생활을 마지못해서 하는 것이 아니라 소명감과 사명감에 불타서 헌신 봉사한다는 데 있다. 더욱이 큐티(QT)훈련이나 경배와 찬양을 통해 젊은 영혼들이 순화되고 새로운 삶을 전개한다는 데서 목회의 의의를 느낀다.

2. 두란노 서원을 통한 문화창조 목회

하용조 목사는 온누리 교회의 복음사역을 시작하기 5년 전에 이미 두란노 서원을 세워 온누리에 복음을 전파하기 위해 문서선교와 문화창조 사역을 담당하고 있다. 이 두란노 서원의 명칭은 사도행전 19장 8-10절에서 유래한다: 바울이 회당에 들어가 석 달 동안 담대히 하나님 나라에 대하여 강론하며 권면하되… 두란노 서원에서 날마다 강론하여 이같이 두 해동안 하매 아시아에 사는 자는 유대인이나 헬라인이나 다 주의 말씀을 듣더라.

바울이 두란노 서원에서 이같이 행하매 이로써 선교가 전개되었고, 치유가 일어났고, 새로운 문화가 창조된 것처럼 선교와 기독교 문화 창조를 위한 목적으로 독립 기구를 만든 것이 두란노 서원이다. 이제 그 규모와 진개된 사역을 살펴보자.

8. 위의 책, 100.

1) 목적

1980년 12월 22일에 시작된 두란노 서원은 바울의 선교정신을 본받아 창립된다. 두란노 서원의 비전은 바울이 에베소의 두란노 서원에서 말씀을 강론한 것처럼 주님 오시는 날까지 하나님의 말씀을 가르치고 복음을 전파하며 하나님께 모든 영광을 돌리는 데 있다. 설립 동기와 목적에 대하여 하용조 목사는 아래와 같이 하늘의 꿈을 제시한다.

"두란노 서원은 제가 가장 힘들고 어려웠을 때 태어났습니다. 병상에 누워 말씀을 묵상하던 중에 사도행전 19장에서 '두란노 서원'을 발견하게 되었습니다. 극심한 고통 가운데서 생명을 낳는 기쁨처럼, 지난 1980년은 저에게 영적 해산의 한 해였습니다. 두란노 서원은 사도 바울이 성경을 가르치고 말씀으로 생명의 문화를 일깨우던 곳입니다. 한국 교회와 성도들은 물론이고 나아가 온 누리에 예수 그리스도의 문화를 전해야겠다는 꿈을 하나씩 옮기기 시작했습니다. 그것이 두란노 서원의 25년 전 첫걸음입니다.

사도행전 19장에 기록된 당시 모습은 두란노 서원의 역사라고 할 정도로 닮았습니다. 이 땅에서 하나님의 나라를 담대히 선포하고 제자들을 세워 말씀으로 양육하여 각 분야에서 변화를 시도했습니다. 가정 사역을 시작하고 제자 훈련을 하며, 일대일 성경공부 운동을 일으키고, 찬양과 기도의 기독교 문화를 보급하기 위해 전심으로 노력했습니다.

많은 위기를 맞으면서도 하나님께서 우리의 생각보다 더 큰 꿈을 갖고 계심을 고백하지 않을 수 없습니다. 세미나로, 출판 사역으로, 해외 선교회로, 큐티 사역으로, 온라인 및 위성 방송 사역 등으로 두란노 서원을 통해 끊임없이 일하고 계십니다. 하지만 저는 아직도 새로운 꿈을 꾸고 있습니다. 우리가 해야 할 일은 영성과 전문성의 두 날개로 변하지 않는 가치, 복음을 전하는 것입니다.

포기할 수 있는 것은 비전이 아닙니다. 지울 수 없는 것, 버릴 수 없는 것, 죽어도 하는 것이 꿈입니다. 땅의 꿈이 아니라 하늘나라 아버지의 꿈입니다. 두란노 서원은 하나님의 꿈이 있고 그 꿈을 꾸는 사람들이 모여 있는 성령님의 공동체입니다. 주님께서는 꿈을 가진 그만큼 이룰 수 있다고 말씀하십니다. 변화하는 시대에 건강한 기독 콘텐츠 공급에 첨병 역할을 담당하는 두란노 서원은 주님과 함께 그 꿈을 꼭 이뤄 갈 것입니다. 좋으신 주님께 이 모든 영광을 돌려드립니다."

위에서 언급한 대로 두란노 서원의 비전은 4개의 꿈을 가진다. 즉 교회를 위한 꿈으로 교회의 성장과 성숙을 돕고(Dream for Church), 문화를 위한 꿈으로 기독교 가치관으로 세상 문화를 바꾸고(Dream for Culture), 세상을 위한 꿈으로 땅 끝까지 복음을 전하고(Dream for World), 미래를 위한 꿈으로 미래를 위해 준비(Dream for Future)하는 데 있다. 교회를 위한 꿈이란 사도행전적 교회이다. 즉 성령이 이끄시는 교회, 말씀이 살아 있는 교회, 예배로 춤추는 교회, 긍휼로 이웃을 섬기는 교회 그리고 교회를 낳는 교회이다. 두란노 서원은 이런 교회의 목적들을 온전히 이룰 수 있도록 이 땅의 모든 교회들을 돕는다.

문화를 바꾸는 꿈이란 무엇인가? 하나님은 그가 만든 아름다운 세상을 인간에게 맡기셔서 문화를 이루도록 하였다. 문화는 인간이 숨 쉬는 공기이자 모태의 양수와 같은 것이다. 두란노 서원은 창의적이고 생명력 가득한 문화 콘텐츠로 이 땅을 충만하게 가꿔 가고자 한다. 땅 끝까지 복음을 전하겠다는 꿈이란 성령이 이끄시는 일꾼들이 '복음을 전하라' 는 부르심에 순종하는 것이다.

오늘날에도 복음을 듣지 못하고 있는 곳에서 주님의 일꾼들을 부르고 있다. 두란노 서원은 두란노 해외선교회를 통해 창의적 접근 지역에 최우선으로 선교사를 파송해 하나님의 나라를 열어 가고자 한다. 미래를 위한 꿈이란 미래를 준비하는 것으로 하나님이 주시는 꿈은 언제나 미래형이다.

세상의 변화는 세대와 계층 간의 갈등과 분열을 낳을 수 있다. 그러나 하나님의 복음은 세상을 하나로 묶는다. 주님이 오시는 그날까지 두란노 서원은 차세대 일꾼들을 준비시키고 국제화를 이뤄, 세상을 복음으로 변화시키는 사역을 계속 감당할 것이다. 이런 꿈을 이루기 위해 두란노 서원은 4개 구조로 구성되어 있다.

2) 교육목회기관인 두란노 바이블칼리지

두란노 성경대학은 교회마다 하나님의 능력 있는 말씀이 선포되고 바른 목회가 이뤄지도록 목회자를 돕는 곳이다. 또 성도들이 말씀 훈련을 통해 하나님을 아는 일에 이르러 자신의 삶을 하나님께 드리는 참 예배자가 되도록 돕는 곳이다. 그리고 그들이 부르심을 받은 곳에서 하나님의 말씀에 따라 그리스도의 문화를 심는 아름다운 하나님의 일꾼으로 세움을 받는 곳이다. 이런 사역들을 능률적으로 하기 위해 산하에 6개의 연구원들을 두고 있다.[9]

3) 선교기관인 두란노 해외선교회

두란노 해외선교회(TIM, Tyrannus International Mission)는 지난 1988년에 여덟 가정이 모여 선교지를 향한 중보 기도를 시작함으로써 출발했다. 1992년 정식으로 두란노 해외선교회라는 명칭을 갖고 본격적인 사역에 나섰다. 두란노 해외선교회는 초교파 복음주의 선교를 지향하고 사도행전에 나오는 초대 교회의 모형을 따라 선교 현지에 교회를 개척하는 비전을 가지고 믿음, 거룩, 헌신, 순종의 4가지 핵심 가치 아래, 하나님 나라의 확장을 위해 달려가고 있다.

특히 10/40 창(window)의 미전도 종족을 중심으로 선교사를 파송하고 있으며, 1996년부터 1998년까지 15개 미전도 종족들을 영적 자녀로 입양해 선교사를 양성해 파송하고 있다. 현재 30여 개 국에 파송된 210여 명의 선교사들을 통해 현지인 사역자들을 제자 삼아 교회를 세우는 일에 집중하고 있다.

두란노 해외선교회는 모든 민족에게 천국 복음이 증거 되는 그날에 다시 오실 주님의 약속을 붙잡고 하나님 나라의 확장에 힘쓰고 있다. 온누리 교회와 협력해 2,000명의 선교사를 파송하고, 2,000개의 선교

9. 6개의 연구원들은 아래와 같다.
  (1) 목회연구원
  성경 연구, 목회 신학, 설교, 영성, 양육과 상담, 찬양과 예배 등 목회자들이 목회 현장에서 마주치는 모든 사역에 관련된 핵심적인 주제들을 월요 목회와 설교 아카데미, 구역 리바이벌, 일대일 제자양육 세미나 등 다양한 세미나를 통해 다룬다.
  (2) 사모대학
  사모 JDS, 사모 전문화 과정 등을 통해 사모들이 말씀 안에서 위로와 격려를 받아 지친 몸과 마음이 회복되고, 깊은 영성과 따뜻한 감성 그리고 예리한 지성을 겸비한 목회자의 좋은 동역자가 되도록 돕는 과정이다.
  (3) 성경연구원
  성경 전체의 개관과 중요한 성경의 책들 그리고 성경을 바르게 보도록 돕는 신학과 교회의 역사 등을 심도 있게 다루어 성도들을 말씀 위에 굳게 세우고 하나님의 좋은 동역자가 되도록 돕는 과정이다.
  (4) 가정상담연구원
  성경적인 가정을 세우고 고통받는 사람들의 아픔을 치유하며 상처 입었던 치유자로써 다른 상처 입은 사람들을 도울 수 있도록 세우는 곳이다. 가정 사역학교, 성경적 부모교실, 결혼 예비학교, 기독 상담학교, 상담 전문화 과정, 집단 상담, 네트워크 은사발견 등의 과정이 진행되고 있다.
  (5) 교육문화연구원
  교회 교육의 핵심인 교사들과 교회 안의 문화적 필요를 충족시키며 세상 문화를 변혁시킬 수 있는 크리스천 문화의 분야별 전문가들을 훈련하는 곳이다. 예배와 찬양 훈련학교, 주일학교와 청소년 교사훈련, 워십 댄스, 뮤직 아카데미, 발성 훈련, 레크리에이션, 멀티미디어 스쿨 등의 과정이 진행되고 있다.
  (6) 차세대교육연구원
  청소년과 대학생들이 바른 자아상을 회복하고 성경적 가치관을 확립하며 비전과 은사를 계발하여 미래를 준비하는 차세대들로 훈련받는 곳이다. INTO 청소년 훈련학교, INTO 청소년 지도자 훈련학교, INTO 부모교실, INTO 대학생/유학생 훈련학교 과정 등이 진행되고 있다.

지에 교회를 개척하는 'VISION 2000' 목표를 향해 최선을 다한다.

향후 선교 현장에서 필요로 하는 전문인 선교사를 훈련해 파송하고, 그들로 하여금 지속적으로 사역에 힘쓸 수 있도록 'Total Caring System'을 운용하고, 온누리 교회의 42개 공동체와 선교지를 1대1로 연결하고 있으며 최첨단 CGN TV 위성 방송을 통한 해외 선교사들의 영성 회복, 재충전, 자녀 교육 등을 지원하는 3개의 사역 기구를 두고 있다.[10]

4) 교인훈련기관으로 천만큐티(QT) 본부

QT는 'Quiet Time'의 약자로써 매일 조용한 시간과 장소를 정하여 하나님을 개인적으로 만나 성경 말씀을 통하여 나를 향하신 하나님의 음성을 듣고 묵상하며 삶에 적용함으로써 삶의 변화와 성숙을 이루고자 하는 경건훈련이다.

천만큐티운동본부는 이 땅의 1,000만 성도들에게 큐티를 소개하고 큐티 나눔 운동의 확산을 위해 시작한 초교파적 사역단체이다. 개인 경건 훈련인 큐티를 통해 그리스도인들을 성숙시키고 가정과 교회와 세상을 변화시킨다는 비전을 품고 있다. 이를 위해 전국적으로 각종 큐티 집회와 세미나를 개최하고 큐티 나눔방 운동을 전개하고 있으며 현재 전국에 250여 개 큐티 나눔방을 운용하고 있다. 「생명의 삶」과 함께 하는 국내 유일의 정기 큐티 집회인 '월요큐티 집회'가 매주 월요일 저녁에 열리며, 큐티 컨퍼런스 '터치(Touch) 집회'를 전국 주요 도시를 순회하며 개최하고 있다.

큐티 인구의 저변 확대를 위해 전국 규모의 큐티 축제를 계획하고, 각 지역에 큐티 나눔방 센터를 세워 나눔방 리더들의 상호 교류를 강화하고 새 리더 양육을 목적으로 연 1회 큐티나눔방장대회를 열고 있다. 개 교회의 큐티 확산을 위해 교역자들을 위한 큐티 세미나와 교회 안에 큐티 정착을 돕는 '큐티 활용법' 자료들을 보급할 예정이다. 장

10. (1) 미전도 종족 사역

　　복음을 접하지 못한 미전도 종족들을 제자 삼아 복음을 전한다. 스리랑카의 베다족, 터키의 투르크족, 쿠르드족 등 11개 국 15개 종족을 영적 자녀로 입양해 현지에서 교회를 개척하고 유치원 운영 및 지도자 양육(BEE) 사역을 병행하고 있다.

(2) 복음의 불모지, 10-40 위도 지역 사역

　　복음의 불모지인 북위 10°~40° 안의 29개 국 50개 지역에 선교사들을 집중 파송해 선교 활동을 벌인다. 현지 교회 개척과 유치원, 학원, 학교 운영 등 교육 사역 그리고 병원, 청소년, 제자 양육 등의 사역에 힘쓰고 있다.

(3) 이스라엘 지역 사역

　　"예루살렘을 위하여 평안을 구하라 예루살렘을 사랑하는 자는 형통하리로다"(시 122:6)는 말씀을 붙잡고, 예루살렘의 회복을 기도하며 유대 민족들을 향해 나아간다. 이스라엘 내에 교회 개척과 의료 사역에 집중한다.

기적으로 큐티 전문 강사를 육성해 해외 큐티 사역에도 진출할 꿈을 갖고 있다. 또한 큐티를 주관하는 큐티부와 두란노 아버지학교, 어머니학교 등 3개 기구를 운영한다.[11]

5) 문서선교 기관인 도서출판 두란노

두란노는 한국 기독교 문화선교에 새로운 지평을 연 도서출판 사역으로 지금까지 11개의 선교잡지를 비롯해 1,400여 종 1,500만 권의 단행본을 출간해 왔으며, 「빛과 소금」, 「목회와 신학」, 「생명의 삶」 등 9종의 잡지를 발행하고 있다. 또한 「비전성경」을 비롯하여 「리더십성경」, 「우리말성경」 등 시대가 요청하는 창의적인 성경 출판을 해 왔다. 아울러 '비전과 리더십', '꽃삽' 등 일반 출판 브랜드를 통해 세상을 향한 적극적인 복음의 교두보를 마련하고 있다.

단행본으로는 한국 교회에 가정 사역과 강해 설교의 지평을 바꾼 「사랑과 행복으로의 초대」, 「데니스 레인의 강해 설교 시리즈」를 시작으로 1,400여 종 1,500만 도서를 발행했다. 「막 쪄낸 찐빵」(이만재), 「뿌리 깊은 영성」(강준민), 「기도하면 행복해집니다」(하용조), 「새벽형 크리스천」(문봉주), 「갈대상자」(김영애) 등 수많은 베스트셀러와 스테

11. (1) 모든 세대, 모든 언어를 위한 큐티지

「생명의 삶」은 20여 년 동안 한국 교회의 말씀 묵상을 이끌어온 대표적인 큐티지이다. 1985년 4월에 「빛과소금」의 별책부록인 「생명의 양식」으로 시작하여 1987년 11월 「생명의 삶」으로 창간하며 본격적으로 발간되었다. 「새벽나라」는 청소년들을 위한 월간 큐티 잡지로 1992년 5월에 창간했다. 인터넷 세대, 영상 세대를 말씀에 대한 순종과 믿음에 대한 능력으로 세상 문화를 이기도록 돕는 청소년 큐티 사역이다. 「예수님이 좋아요」는 1989년 4월에 창간된 어린이 큐티 전문 잡지로 저학년(유치, 1~3년)과 고학년(4~6년)용의 두 종류로 발행되고 있다.

그 외에도 현재 「생명의 삶」의 본문 주해집인 「말씀묵상」을 비롯해 영어판 「Living Life」, 영어권 1.5세와 2세 한인들을 위한 「JDM(Journey of Devotional Monthly)」, 일본어판 「리빙구라이후」, 중국어판 「活潑的生命」, 스페인어판 「Tiempo con Dios」를 발행해 지구촌 전역을 큐티로 생활화하는 데 앞장서고 있다.

천만 크리스천의 일용할 양식으로써 「생명의 삶」은 개인을 거룩하게 하고 교회를 부흥하게 하며 세상을 변화시키는 원동력이 된다. 사역의 중요성을 인지하고 두란노천만큐티운동본부와 함께 한국교회에 큐티를 정착하기 위해 힘쓰고 있다. 현재 선교적 차원에서 다른 언어들로 확대 발행할 예정이며, 특정 계층의 복음화를 위해 군선교용과 재소자용 「생명의 삶」도 기획 중에 있다.

청소년을 위해서는 매년 청소년 부흥 사역인 「Passion」을 통해 수많은 청소년들에게 큐티 운동을 펼치고 있으며, 홈페이지 (www.isena.com)을 통한 온라인 상담과 전국의 청소년 사역을 네트워크를 이루는 데 선구자 역할을 담당하고 있다. 또한 해마다 「예수님이 좋아요」를 활용하는 성경학교 강습회를 개최하고 있으며 영어판 「예수님이 좋아요」 발행도 준비하고 있다.

(2) 두란노 아버지학교

두란노 아버지학교는 우리 사회가 안고 있는 가정의 많은 문제점은 바로 아버지의 문제에서 비롯됨을 인식하고 그 근본적 해결을 위해 1995년에 개설했다. 아버지학교는 다음과 같은 사역의 기초 위에 세워졌다. 첫째는 강력한 성령 운동, 둘째는 삶의 실천 운동, 셋째는 목회자와 평신도 연합 운동이다.

아버지학교는 가정에서 아버지의 사명을 깨닫고 성경적 가정을 세우도록 권면한다. 또 직장과 사회에서 올바른 리더십을 발휘하며, 세상을 변화시키는 축복의 동료가 아버지임을 깨닫게 한다. 우리 사회의 아버지들이 먼저 육체적 정신적 영적 순결을 회복하고 깨끗한 사회를 만드는 데 앞장서고자 한다.

현재 두란노 아버지학교는 전국 각 교회뿐 아니라 기업, 구청, 학교, 군대, 교도소에서 종교의 장벽을 넘어 진행되고 있으며 2010년까지 60만 명 수료를 목표로 하고 있다.

(3) 두란노 어머니학교

두란노 어머니학교는 성경적 여성상을 제시하여 이 땅의 어머니들이 그리스도 안에서 돕는 배필로서의 의미를 깨닫고, 한 가정의 어미로서 자녀를 잘 양육하며, 믿음의 가정을 세울 수 있도록 돕는다. 또한 거룩한 어머니의 정체성을 회복하고 건강한 가정, 아름다운 교회, 깨끗한 사회를 건

디셀러를 출판하고, 「기독교 상담 시리즈」(전 30권), 「현대 상담 시리즈」(전 12권), 「BKC 성경 주석 시리즈」(전 30권), 「두란노 목회 자료 큰 백과」(전 30권)를 출간했다. 최근에 「광야의 삶은 축복이다」(하용조), 「비전과 존재 혁명」(강준민), 「우리 … 사랑할까요」(박수웅) 등이 일본과 대만에서 번역 출간되었다.

또한 말씀에 사로잡힌 한 영혼이 민족과 나라를 구원할 수 있다는 믿음으로 1995년 「연대기성경」을 발행한 후 「묵상성경」, 「두란노성경」, 「비전성경」, 「윌로크릭 성경공부시리즈」, 「리더십성경」, 원문 대조 번역 성경인 「우리말성경」 그리고 「비전성경사전」 등을 제작, 발행했다. 이 사역을 위해 6개의 업무 담당 부서가 있다.[12]

세상에 꿈을 전하는 두란노의 도서출판 사역은 더욱 국제화되고 다매체화될 것이다. 다음 세대를 예배하는 세대로 품으면서 동시에 문서, 음반뿐 아니라, 인터넷과 위성방송을 통하여 650만 해외동포와 1만 2,000명의 선교사를 넘어 선교지까지 하나님의 꿈을 전하는 문화선교의 길잡이가 될 것이다. 주님이 오시는 그날까지 두란노의 사역은 계속될 예정이다.

설하는 데 주춧돌 역할을 담당케 한다.

성경에서 말씀하시는 여성의 모습을 살펴보고 아내로서의 사명, 남녀의 차이, 어머니로서의 영향력을 인식시킴으로써 기도를 통한 자녀 양육법과 어머니의 이름에 대한 사명감을 함께 나눈다.

12. (1) 빛과소금

1985년 4월에 빛으로 소금으로 살아가는 사람들의 소식을 세상에 전하기 위해 창간했다. 창의적인 기획과 디자인으로 한국 복음주의 출판 문화의 새로운 지평을 연 「빛과소금」은 모든 영역에서 하나님의 주권이 회복되기를 기도하는 마음으로 정치, 경제, 사회, 문화 등 모든 분야를 망라해 생명이 충만한 복음의 빛으로 조명해 왔다.

(2) 목회와 신학

1989년 7월에 "신학이 있는 목회, 목회를 위한 신학"이라는 슬로건으로 전국 목회자들의 영성과 목회 성장을 돕기 위해 창간했다. 혼돈 속에 있는 우리 시대의 상황을 성경적으로 분석하고 내일의 바람직한 교회를 제시하는 목회의 동반자이다. 아울러 1992년 8월에 창간된 국내 첫 설교 전문지 「그 말씀」, 알차고 생생한 시사 정보를 모아 설교 자료로 제공하는 「목회시사 스크랩」, 국내에서 개최된 최신 세미나 및 강연 등을 담은 녹음 테이프를 부록으로 발행하고 있다.

「목회와 신학」은 포스트모더니즘과 물량주의 시대에 성령님께서 인도하시는 사도행전적 교회의 모델을 제시한다. 국내외적으로 목회 네트워크의 중심에서 영적 부흥의 선구자로서, 세계 선교의 개척자로서 그 사명을 다할 것이다.

(3) 샤이닝아트

1993년 창의적인 선물용품을 만드는 '향기나무'로 출발했다. 2002년 '샤이닝아트'로 개명하고 아름다운 찬양을 담은 음반과 기독 용품을 제작해 크리스천 문화 사역을 선도해 왔다. 샤이닝아트는 말씀이 디자인으로 표현돼 삶에 활력을 주는 선물용품을 계속 제작해 나갈 것이다. 또 기독교 음반 시장에 정직과 성실로 다져 온 유통 질서를 네트워킹하고, 그동안 쌓아온 역량을 충분히 발휘해 음악적 재능과 은사가 뛰어난 하나님의 아티스트들과의 동역을 통해 영향력 있는 문화 사역을 펼쳐 나갈 것이다.

(4) 두란노닷컴

두란노닷컴은 하나님의 말씀과 사랑을 웹에 실어 전달하는 크리스천 포털사이트이다. 영감 있고 수준 높은 텍스트 자료로 교회와 선교지를 풍요롭게 연결하는 사명을 감당하고 있다. 두란노 서원에 축적된 모든 문서 사역과 강의 사역 내용을 데이터베이스로 구축해 교회와 선교지에 환원한다. 교회 사역의 중심에 서서 웹을 통한 글로벌 크리스천 네트워크를 형성해 최후의 선교 현장인 인터넷에서 진정한 나눔을 실천하는 사명을 감당할 것이다.

(5) 넥스트 제너레이션(Next Generation)

차세대를 품는 사역의 첨병이 되어, 자유로움과 편리함에 익숙해진 유비쿼터스 세대가 하나님의 말씀에 순종하고 예배할 수 있도록 그들을 섬긴다. 워십 컨퍼런스, 인터넷 신앙 지식 포털사이트, 비주얼 북 등을 통해 차세대들이 하나님과 접속하는 유비쿼터스 드림을 이뤄 나갈 것이다.

3. 협력단체를 통한 협력목회

하용조 목사는 온누리 교회와 두란노 서원을 통한 목회뿐만 아니라 9개의 협력 단체와 긴밀한 유대관계 속에서 최첨단 기술들을 활용하여 온 누리, 온 세상에 복음전파 사역의 안간힘을 기울이고 있다. 이러한 협력단체들은 주로 대학 선교에 초점을 맞추어 21세기의 주역들을 양육하는 데 중점을 두고 있다.[13]

4. 목회신학

하용조 목사의 신학은 성령신학과 광야신학에 중심을 둔다. 모세가 광야에서 하나님을 만났듯이 하 목사 자신도 병마와 고통과 싸우는 삶의 현장에서 성령의 역사를 체험하고 하나님을 만났다. 때문에 그는 광야가 저주나 심판이 아니라 축복과 은혜의 장소라고 하며 광야신학의 네가지 의미를 부연한다.

"하나님께서는 나의 첫 번째 안식년 동안 '성령사역으로 돌아가라'

(6) 글로벌 네트워킹(Global Networking)

준비된 하나님의 사람들을 연결하는 국제 매트릭스 사역에 헌신하고 있다. 누구도 혼자서 예수님의 지상 명령을 완수할 수는 없다. 영원한 생명의 능력이 보혈 가족의 혈관을 타고 650만 한인 디아스포라와 땅끝 사람들에게까지 전파되도록 복음의 최일선에서 축복의 통로를 열어가는 선교의 개척자로 활동 중이다. 5대양 6대주의 모든 도시와 선교지를 연결하는 CGNTV 사역, 큐티 사역, 일대일 사역 등 교회 양육과 성장에 필요한 모든 자료들을 입체적으로 지원하는 영적 매개체가 되어 갈 것이다.

13. (1) CGNTV(Christian Global Network TV)

국내 농어촌 지역의 교회와 지구촌 1만 2,000명의 선교사들 그리고 650만 해외 동포들에게 24시간 영적 콘텐츠를 제공하는 선교 전문 방송이다.

(2) 올네이션스 경배와찬양(ANM, All Nations Worship & Praise Ministries)

이 세대를 향해 살아계신 하나님의 마음으로 복음을 선포하기 위해 모든 민족과 열방을 향해 나아가는 초교파적 선교 단체이다.

(3) 횃불트리니티신학대학원

미국의 트리니티복음주의신학교(TED)와 기독교 재단 횃불선교원의 협력으로 1998년 개교한 전문 신학대학원이다.

(4) 한동대학교

창조론과 기독교 세계관에 입각한 학문을 추구하며 전문 지식 교육, 신앙 교육, 인성 교육을 통해 탁월한 국제적인 지도자 양성을 목표로 설립했다.

(5) 전주대학교

기독교 정신을 구현하고 학문과 교육의 실용화, 주체적 전문인, 협동적 봉사인, 창조적 지성인의 양성을 교육 목적으로 하나님의 비전을 가진 인재 양성을 추구한다.

(6) BEE KOREA(Biblical Education by Extension)

국내외에서 활동할 선교 전문 인력을 훈련해 파송하여 선교지에서 현지 교회 지도자들을 양육, 지원하여 현지 교회가 그리스도의 제자들을 재생산하도록 돕는 선교 단체이다.

(7) KIBI(Korea Israel Bible Institute, 한이성경연구소)

성경의 예언적 성취를 위해 구 소련 지역에 사는 유대인늘을 이스라엘로 귀환힐 수 있도록 돕는 초교파적 기독교 단체이다.

(8) 인터콥

10-40 위도의 유라시아 대륙에 퍼져 있는 미전도 종족을 위해 개척 선교를 목적으로 1983년에 설립된 초교파적 전문인 선교 단체이다.

(9) 창조과학회

인간, 생물체, 우주 등에 내재된 질서와 조화는 우연이 아닌 지적 설계에 의한 창조물임을 과학적으로 증거하는 일에 앞장서는 학회이다.

는 말씀을 묵상하게 하시더니 두 번째 안식년 동안에는 나의 마음 깊은 곳에서 '광야의 삶은 축복이다' 라는 말씀을 묵상하게 하셨습니다. '하나님은 자기의 사랑하는 백성에게 왜 고난을 허락하시며 광야의 길을 걷게 하시는가?', '과연 광야의 삶은 축복인가? 라는 질문을 계속 했습니다.

묵상하는 가운데 얻은 해답은 '광야 속에 계시는 그리스도' 를 만나기 위해서였습니다. 광야는 사람이 살 수 없는 곳이요, 버려진 땅입니다. 그러나 그곳에 고난과 함께 영광의 주님이 계십니다. 그래서 광야는 축복의 땅이요, 은총의 땅입니다.[14]

부모가 아이를 훈련시키기 위해서 싫다하는 학교에 억지로 보내는 것처럼 하나님께서도 우리를 '광야' 라는 학교에 집어넣으시고 우리가 고통스럽고 힘들어 할 것을 다 아시면서도 우리를 훈련시키십니다. 두 번째로 하나님의 위대한 목표가 있기 때문입니다. '네 하나님 여호와께서 이 사십 년 동안에 너로 광야의 길을 걷게 하신 것을 기억하라 이는 너를 낮추시며 너를 시험하사 네 마음이 어떠한지 그 명령을 지키는지 아니 지키는지 알려 하심이라' (2절). 세 번째로 그곳에서는 하나님만 바라보고 살게 되어 있기 때문입니다. 네 번째로 광야가 축복인 이유는 요한계시록 12:6 말씀과 관련이 있습니다. '그 여자가 광야로 도망하매 거기서 일천이백육십일 동안 저를 양육하기 위하여 하나님의 예배하신 곳이 있더라.' 광야는 우리가 변하는 곳입니다. 성장하는 곳입니다. 새로워지는 곳입니다."[15]

이러한 광야신학 구조에 기초하여 성경관, 하나님과 예수 그리스도와 성령에 대한 이해를 살펴본다.

1) 성경에 대한 이해: 하용조 목사는 성경을 성령의 감동으로 쓰여진 하나님의 말씀이라고 본다. 그가 성경을 펼 때마다 딤후 3:16-17을 기억하는 이유는 성경이 인간의 지성과 경험으로는 해석되지 아니하며 상식과 합리성으로는 이해되지 않기 때문이라고 한다. 오직 하나님을 사랑하고 성령충만해 있는 자에게만 성경의 문이 열리고 말씀이 드러난다고 한다.

그는 말하기를 창세기는 오직 하나님을 찬양하고 경외하는 사람이 감격과 감동을 가지고 그분에게 나아갈 때 열리는 책이며, 창세기 글

---

14. 하용조, 「광야의 삶은 축복이다」(서울: 도서출판 두란노, 1998), 서문.
15. 위의 책, 16-22.

자 뒤에 숨어 있는 비밀과 신비를 드러내는 책이라고 한다. 특별히 창세기를 읽을 때 로마서와 요한계시록을 연결하여 읽으면 성경이해의 새로운 지평이 열릴 것이며, 성령의 감동을 입고 그 분을 경배하며 찬양하며 창세기로 들어가면 창세기에 대한 모든 의혹들은 사라질 것이라고 한다. 또한 하나님은 찬양의 대상이지 논쟁의 대상이 아니라는 입장을 보여 준다.[16]

2) 하나님에 대한 이해: 기독교 신앙과 신학의 출발점은 하나님이다. 하나님에 대한 이해 여부가 모든 것을 좌우한다. 그러므로 하나님은 모든 것의 기초요 최우선 순위다. 하용조 목사는 이렇게 언급한다. "문제는 하나님을 우리가 믿으면서도 하나님을 우리의 최우선 순위에 두지 않는다는 것입니다. 하나님은 다만 우리의 문제를 도와주시는 분으로 여깁니다. 우리는 하나님을 우리를 위기에서 건져 주시고 병을 고치시고 우리를 돕는 분으로 생각하지 그분이 우리의 왕이요, 하나님이요, 주권자요, 창조주로 생각하지 않는다는 것입니다."[17]

이런 하나님은 예수 그리스도와 성령과 함께 삼위의 하나님임을 성경강해를 통해 증언한다.

창세기 1장 1-3절을 강해하면서, 1절의 중심은 하나님이고, 2절에서 '하나님의 영'이란 말은 곧 성령을 의미하는 것이고, 3절에 '빛이 있으라'는 말은 예수 그리스도를 의미하는 것이므로 곧 창세기 1장 1-3절은 삼위의 하나님을 언급하는 것으로 설명하고 있다. 하나님을 세 위로, 세 기능으로 설명하는 것을 건전한 하나님 이해라고 할 수 있다. 성경에 나타난 우리가 믿는 하나님은 영이시고, 거룩하신 분이시고 사랑이심을 그의 저서들을 통해서 증거하고 있다.[18]

3) 예수 그리스도에 대한 이해: 기독교란 예수 그리스도의 부활로 시작되는 신앙 공동체이므로 그리스도에 대한 믿음과 이해는 절대적이다. 하용조 목사는 지금도 살아 역사하시는 그리스도에 대해 다음과 같이 증언한다.

"예수는 죽어서 무덤에 갇혀 있는, 지나가 버린 역사의 인물이 결코 아닙니다. 지금도 믿는 자의 마음속에 살아서 말씀하시고, 영원히 목

---

16. 하용조, 「아담아 네가 어디 있느냐」(서울: 도서출판 두란노, 2005), 11-16.
17: 하용조, 「성령받은 사람들」(서울: 도서출판 두란노, 1999), 109-111.
18. 하용조, 「행복의 시작 예수 그리스도」(서울: 도서출판 두란노, 2002), 142-156.

마르지 않는 샘물을 주시는 분이시며, 영원히 배고프지 않는 떡을 주시는 분이시며, 우리 인생의 참 목적과 소망이 되시는 분이십니다. 성경 말씀대로 예수는 길이요 진리요 생명 그 자체이십니다. 그래서 예수를 영접하고 만난 사람마다 새로운 생명을 체험하고 부활의 능력을 얻게 됩니다."[19]

4) 성령에 대한 이해: 이미 성령에 관해서는 목회의 교회론에서 언급했기 때문에 여기서 더 논할 필요는 없을 것 같다. 하용조 목사는 성령의 역사를 교회의 출발로 삼을 뿐만 아니라 성령을 하나님으로 부르고 있다. 성부 하나님, 성자 하나님처럼 성령 하나님으로 불러 교인들을 하나님과 같은 분으로 이해시킨다. 성령은 사람을 변화시키는 하나님으로 강조하여 초대 교회가 참 교회로 출발하게 된 것처럼 지금도 성령의 역사와 성령의 능력이 나타남을 증언한다.

5. 목회의 목표와 지도력

하용조 목사는, 그의 목회의 목표는 사도행전적 교회 위에 하나님이 원하시는 두 가지 요구를 충족시키는 것이라 했다. 즉 "하나님이 원하는 기본적인 두 가지 요구, 즉 땅 끝까지 복음을 선포하는 '선교'와 네 이웃을 네 몸처럼 사랑하라는 '봉사와 구제'를 이 시대에 다시 보여주어야 한다"는 것에 목표를 세우고 있다.[20]

앞에서도 본 것처럼 그는 온 누리적 비전과 목표를 세우고 추진 중에 있다. 그야말로 이러한 막중한 역할을 담당해 온 온 누리적 CEO이다. 일반 기업경영의 지배적 CEO가 아니라 섬김과 봉사의 지도자이고 섬김의 CEO이다. 간혹 우리는 거대한 비전과 목표가 야망으로 변해 지배함으로 역사에 누를 끼치는 경우를 본다. 섬기는 자의 위대한 지도력은 당대에 그치는 것이 아니라 계속해서 그 지도력과 감화력이 역사와 사람에게 영향을 끼치는 것을 볼 수 있다. 바라기는 요한 웨슬레의 지도력과 감화력이 감리교를 탄생시켰고, 존 캘빈의 지도력과 감화력이 개혁 교회를 탄생시키고 지속시킨 것처럼 하용조 목사의 거대한 지도력이 주님 오시는 날까지 역사에 지속되기를 기원한다.

19. 하용조,「아브라함과 다윗의 자손 예수 그리스도」(서울: 도서출판 두란노, 1990), 10.
20. 하용조, 「하나됨의 열망」(서울: 도서출판 두란노, 1999), 11.

한국교회의 위기는 설교의 위기라고 하는 요즈음 하용조 목사의 설교는 교회의 위기를 극복할 힘이요, 대안이라고 생각한다. 출판된 주요 강해 설교집 23권에 나타난 460편의 설교들을 중심으로 다루고, 온누리 신문(2001–2003년)에 나타난 수십 편에 달하는 설교들을 참조하여 설교의 내용을 검토하려고 한다. 원래 설교란 말로 전하는 것이기 때문에 말의 고저장단을 통해 감정과 어조가 전달된다. 설교집은 보통 이런 감흥이 사라지는 아쉬움이 있으나 하용조 목사의 설교집은 살아 움직이는 감흥을 느낄 수가 있다. 우선 어떤 설교 자료들이 있는지 검토하여 보자.

1. 하용조 목사의 설교 자료와 내용들

1) 마태복음 강해설교 시리즈―총 12권에 176편의 설교

마태복음 1: 「예수 그리스도」(설교 14편, 1990년부터 15년 동안 19쇄 발행)

마태복음 2: 「천국 대헌장」(설교 10편, 1991년부터 13년 동안 19쇄 발행)

마태복음 3: 「세상의 빛과 소금」(설교 13편, 1993년부터 11년 동안 12쇄 발행)

마태복음 4: 「참된 신앙」(설교 11편, 1993년부터 11년 동안 12쇄 발행)

마태복음 5: 「구하고 찾고 두드리라」(설교 12편, 1994년부터 10년 동안 13쇄 발행)

마태복음 6: 「능력을 행하시는 예수님」(설교 15편, 1995년부터 9년 동안 11쇄 발행)

마태복음 7: 「열두 제자를 택하신 예수님」(설교 17편, 1996년부터 8년 동안 9쇄 발행)

마태복음 8: 「비유로 말씀하시더라」(설교 17편, 1996년부터 8년 동안 9쇄 발행)

마태복음 9: 「참된 신앙고백」(설교 20편, 1996년부터 8년 동안 5쇄 발행)

마태복음 10: 「용서의 축복」(설교 20편, 1996년부터 8년 동안 9쇄 발행)

마태복음 11: 「참된 지도자」(설교 17편, 1996년부터 8년 동안 7쇄 발행)

마태복음 12: 「가서 제자 삼으라」(설교 20편, 1997년부터 7년 동안 6쇄 발행)

2) 로마서 강해설교 시리즈-총 2권에 67편의 설교

로마서 1: 「로마서의 축복」(설교 36편, 1998년부터 6년 동안 15쇄 발행)

로마서 2: 「로마서의 비전」(설교 31편, 1998년부터 6년 동안 13쇄 발행)

3) 사도행전 강해설교 시리즈-3권에 83편의 설교

사도행전 1: 「성령받은 사람들」(설교 31편, 1999년부터 5년 동안 12쇄 발행)

사도행전 2: 「변화받은 사람들」(설교 23편, 1999년부터 5년 동안 9쇄 발행)

사도행전 3: 「세상을 바꾼 사람들」(설교 29편, 1999년부터 4년 동안 8쇄 발행)

4) 에베소서 강해설교-1권에 20편의 설교

에베소서: 「하나됨의 열망」(설교 20편, 1999년부터 5년 동안 9쇄 발행)

5) 창세기 강해설교 시리즈-5권에 114편의 설교

창세기 1: 「아담아, 네가 어디 있느냐」(설교 17편, 1998년부터 7년 동안 15쇄

발행)

창세기 2: 「무지개가 구름 사이에 있으리라」(설교 16편, 1999년부터 5년 동안 7쇄 발행)

창세기 3: 「너는 복의 근원이 될지라」(설교 33편, 1999년부터 5년 동안 10쇄 발행)

창세기 4: 「다시는 야곱이라 부르지 말라」(설교 26편, 2002년 5쇄 발행)

창세기 5: 「꿈의 사람 믿음의 사람 요셉」(설교 21편, 2000년부터 5년 동안 9쇄 발행)

위에 열거된 설교집은 전부 23권에 달하고, 거기에 게재된 설교 수는 총 460편에 이른다. 이 자료를 분석함으로 설교의 내용을 파악할 수 있을 것으로 본다. 설교집 외에도 온누리 신문이나 다른 자료들을 통해 접할 수 있는 설교 자료들도 활용하였다.[21]

마태복음의 첫 번째 강해설교집인 「예수 그리스도」란 설교집은 출판(1990) 이래 현재까지 19쇄가 발행되었다. 이것은 이미 설교시간은 지나갔지만 책을 통해 설교의 내용이 전달된다는 것을 의미한다. 베

---

21. 온누리 신문에 2001년부터 2003년까지에 나타난 설교문과 「광야의 삶은 축복이다」(1998)나 「행복의 시작은 예수 그리스도」(2002) 등 여러 자료를 참고하였다.

드로가 한 번 설교로 3,000명을 회개시켰지만 그것으로 끝났다. 그러나 바울은 설교로 큰 회개의 역사를 이루지는 못 했지만 그가 기록한 13 서신들을 통해 수억의 사람을 구원하고 있다. 하용조 목사의 설교집도 이와 비슷한 기능을 하고 있다고 본다.

2. 설교에 대한 정의

설교란 무엇인가? 어떻게 하는 것이 설교인가? 설교는 사람이 하는 것 같지만 사람은 도구일 뿐 설교는 성령이 하는 것이라고 하용조 목사는 강조한다.

"참된 설교는 성령이 하시는 것입니다. 설교란 무엇인가? 설교란 사람이 하는 것이 아닙니다. 사람의 생각을 전달하는 것이 아닙니다. 설교는 인간의 어떤 철학이나 사상을 전하는 것이 아니라 하나님의 뜻과 생각을 전하는 것입니다. 성령이 임하시고, 성령이 충만하며 성령의 인도하심에 따라 다른 방언으로 말하게 됩니다. 성령은 말씀하실 뿐 아니라 그때그때의 상황에 맞는 설교를 하시는 것입니다."[22]

성령의 역사로 주어지는 설교란 예수님께서 하신 것처럼 알아듣기 쉬워야 하며, 사용하는 데 실제적이어야 하며, 위로부터 오는 참된 능력이 있어야 한다고 하용조 목사는 강조한다. 요즈음 설교자가 하나님의 말씀의 전달자가 아니라 지배자로 등장한다는 점을 지적하는 상황 속에서도[23] 그는 설교는 성령의 역사라고 한다. 설교자가 달변으로 자기 생각을 전달하는 것이 아니라 설교자에게 위탁된 하나님의 말씀만을 성령의 인도함을 받아 전한다는 의미에서 하용조 목사는 예언자(預言者)이다.

22. 하용조, 「성령받은 사람」(서울: 도서출판 두란노, 1999), 109–111.
23. 김금용, "통독설교: 새로운 대안으로서의 통독설교", 「신학이해」, 호남신학대학교(2005년, 29집), 187–202.

3. 설교의 방법론

하용조 목사가 사용하는 설교의 방법은 큐티식 강해설교이다. 본문을 중심으로 하는 본문설교나, 주제에 따라 하는 주제설교도 있지만 그는 10년 동안 강해설교를 배워 강해설교를 선호하고 있다. 그가 강해설교를 하는 데 영향력을 준 사람은 첫째로는 데니스 레인 목사였고, 둘째로 이미 고인이 된 목사 중에서 캠벨 모건과 마틴 로이드 존스 목사의 강해설교집을 통해 받은 은혜가 컸고, 셋째로 현재 생존해 있는 분으로 존 스토트와 존 맥아더 그리고 짐 그레이엄 목사의 강해설교 역시 그에게 많은 영향을 주었다. 그 중에서 강해설교와 성령의 기름 부으심에 대한 것은 짐 그레이엄의 통찰력이었다고 술회하고 있다. 마지막으로 그의 설교를 듣는 청중들인 온누리 교회의 성도들과 그의 아내는 그가 강해설교를 하도록 격려한 중요한 원동력이 되었다고 한다. 한국인으로는 김준곤 목사와 주선애 교수의 영향도 컸다고 한다.

복음주의 설교자로 잘 알려진 해돈 로빈슨(Haddon Robinson)은 강해설교를 다음과 같이 정의한다. "강해설교는 어떤 본문의 문맥에 있는 역사적, 문법적, 문학적 연구를 통하여 얻어지고 전달되는 성경적 개념을 전달하는 설교이다. 성령님은 그것을 먼저 설교자의 인격과 경험에 적용시키고 그 다음에 그를 통하여 그의 회중에게 적용시킨다."

이런 의미를 생각할 때 강해설교란 엄격한 의미에서 유형적으로 분류될 것이 아니라 설교자가 본문에 어떻게 봉사하는가의 기본자세에서 분류된다고 보아야 한다. 설교자가 자신의 생각을 본문에 복종시키려고 하는지, 자신의 생각을 주장하기 위하여 본문을 사용하려고 하는지의 자세에 따라 강해설교와 비강해설교의 갈림길이 발생한다.[24]

4. 설교의 성격과 특징

1) 복음적이다.

하용조 목사가 선호하는 강해설교의 특징은 복음적이라 할 수 있다. 복음적이란 뜻에는 하나님께 속한 복음이란 뜻도 있지만, 하나님

24. 정장복, 「한국 교회의 설교학 개론」(서울: 예배와 설교 아카데미, 2004), 158-165.

으로부터 온 복음이라는 뜻이 있다. 하나님이 우리에게 주신 것, 즉 하나님으로부터 온 것이 복음이다. 복음이란 단어는 헬라어로 '유안겔리온'인데 좋은 소식이라는 뜻이다. 다른 말로 기쁜 소식, 복된 소식을 가리켜 복음이라고 한다.[25]

그는 창세기를 설교하면 할수록 성경의 어느 책보다 복음의 능력이 더 강하게 나타나는 것을 볼 수 있다고 하면서 성경의 복음성을 강조한다.[26] 무엇보다도 하용조 목사의 설교를 듣는 청중들은 설교를 통해 감격과 변화를 받아 기쁨을 누리며 새 사람이 되기 때문에 그를 통한 설교가 복음서의 복음처럼 기쁨의 소식이 된다는 데 큰 의미를 둘 수 있다.

2) 기독론적이다.

하용조 목사는 창세기 강해설교집 2권에서 언급하기를 창세기에는 곳곳에서 "예수 그리스도"를 보여 주고 있다고 한다. 창세기는 인간이 왜 타락하고 심판을 받게 되었는지, 구원이 얼마나 절실한 문제인가를 보여 준다고 하면서 창세기를 설교하면 사람들이 예수 그리스도를 개인의 구주로 영접하게 된다고 한다.

우리가 아는 것처럼, 창세기에는 예수 그리스도를 명시하는 말이 단 한 절도 없지만, 창세기를 강해한 많은 설교들에서 예수 그리스도를 증거하고 있다. 따라서 성경 어디에서나 설교 본문을 검토하다 보면 그리스도가 보인다는 것이다. 이런 관점에 볼 때 그의 설교는 성경 어느 곳에서나 예수 그리스도를 발견할 수 있는 기독론적이라고 할 수 있다.

3) 설교가 현실적이면서 사명감을 고취시킨다.

하용조 목사는 설교를 전개할 때 쉬우면서도 사실적인 묘사로 교인들에게 감화를 주는 것으로 유명하다. "그리스도인은 기도원에서만 사는 사람이 아니라 죄 많은 현실의 한복판에서 사는 사람입니다. 그러나 결코 세상의 물결이 배 안에 들어오지 못하게 해야 합니다. 바닷물이 배 안으로 들어오면 배는 파선되고 맙니다. 우리는 유유히 이 세상을 항해하는 사람들입니다. 가끔 고난의 태풍이 불기도 합니다. 그러나 태풍이 불면 배는 빨리 갑니다."[27] 이러한 설명은 그의 설교가 이

---

25. 하용조, 「로마서의 축복」(서울: 도서출판 두란노, 1998), 19.
26. 하용조, 「무지개가 구름 사이에 있으리라」(서울: 도서출판 두란노, 1999), 서문.

해되기 쉽고 현실성이 있음을 보여주는 예라고 할 수 있다.

설교 할 때마다 보다 현실적이고 구체적인 관심사들을 예를 들어 설명한다. 요즈음 부동산 투기가 사회적 이슈이다. 그래서 그는 강한 톤으로 말한다. "우리의 모든 소유가 하나님의 도구로 사용되어야 합니다. 넉넉히 재물을 주신 이유는 부동산 투기를 하라는 것이 아니라 그것을 하나님의 영광을 위하여 쓰라는 것입니다. 하나님의 영광을 위해서 여러분에게 특별한 직책과 은사와 지식과 능력을 주신 것입니다."[28], "인간은 흙으로도 지음받았지만 영으로도 지음받은 존재이다. 영적인 만족이 없을 때에는 다른 어떤 것으로도 만족이 되지 않는다는 것이다."[29]

매주 드리는 예배를 예로 들어 "예배란 나를 사랑하셔서 독생자 예수 그리스도를 십자가에 못 박게 하셨던 최고의 하나님께 내가 드릴 수 있는 최선의 것을 드리는 것입니다. 희생하는 것만큼 감격이 있습니다. 포기한 것만큼 기쁨이 있습니다. 교회에 나오고 찬송을 해도 기쁨이 없는 것은 희생한 것이 없어서 그렇습니다. 준 것이 없고 바친 것이 없고 손해 본 것이 없으니 기쁨이 없는 것입니다. 예배란 십자가에 반응하는 것입니다. 십자가에 내 모든 것을 쏟아놓는 것입니다."[30] 교인 중에 한 사람이 통일교의 큰 프로젝트를 제의받고 고민하던 중에 돈보다는 성도의 신앙이 중요함을 깨닫고 포기함으로써 예배에서 느낀 감격과 감동을 예로 들어 설명함으로 직접적이고 현실적인 감동을 주는 것이다. 그래서 그의 설교를 들으면 들을수록 소명감과 사명감을 일깨우게 된다.

4) 상호본문적 성경이해다.

하용조 목사는 그의 설교에서 신약과 구약을 자유롭게 넘나들면서 구약의 말씀을 신약으로 해설하고, 신약의 말씀을 구약으로 해설하는 상호본문적 사용을 하는 방법을 자주 보여 준다. 창세기의 두 번째 설교에서 그는 가인과 아벨의 예배를 비교하며 설교할 때, 가인의 제사가 받아들여지지 않은 것이 형식적으로 예배를 드렸기 때문이라고 하면서, 요한복음 4장 24절의 말씀으로 그 해설을 대신하고 있다.[31] 노아

27. 하용조, 「참된 지도자」(서울: 도서출판 두란노, 2003), 33.
28. 하용조, 「가서 제자 삼으라」(서울: 도서출판 두란노, 1997), 42–43.
29. 위의 책, 55.
30. 위의 책, 16–17.
31. 하용조, 「무지개가 구름 사이에 있으리라」(서울: 도서출판 두란노, 1999), 30.

홍수의 심판 이야기를 설교할 때는 신약의 동일한 심판 기사를 인용하고 있다. 즉 마태복음 24:38-39에서 노아 홍수를 신약에서 해석한 말씀을 인용하였다. "홍수 전에 노아가 방주에 들어가던 날까지 사람들이 먹고 마시고 장가들고 시집가고 있으면서 홍수가 나서 저희를 다 멸하기까지 깨닫지 못하였으니 인자의 임함도 이와 같으리라"(마 24:38-39)[32]는 해설을 활용한다.

창세기 1장 28절에 생육하고 번성하여 땅에 충만하라는 삶의 명령과 문화명령은, 마태복음 마지막 장에 있는 삶의 명령과 선교명령과 요한복음 13장 34절의 삶의 명령과 일치함을 보여준다.

"하나님이 복을 주시며 가라사대 생육하고 번성하여 땅에 충만하라 땅을 정복하라 바다의 고기와 공중의 새와 땅에 움직이는 모든 생물을 다스리라"(창 1:28).

"그러므로 너희는 가서 모든 족속으로 제자를 삼아 아버지와 아들과 성령의 이름으로 세례를 주고 내가 너희에게 분부한 모든 것을 가르쳐 지키게 하라"(마 28:19-20).

"새 계명을 너희에게 주노니 서로 사랑하라 내가 너희를 사랑한 것

같이 너희도 서로 사랑하라"(요 13:34).[33]

이러한 성경 상호본문의 사용은 설명을 위해 성경을 성경으로 조명하는 좋은 방법으로 개인의 이야기나 이솝의 우화와는 비교할 수 없는 가치다.

5) 삼위일체론적이다.

하용조 목사의 설교는 삼위일체적인 구조를 가진다. 그는 믿음의 조상 아브라함 속에서 열방의 자손들을 품에 안으시는 성부 하나님을 보고, 모리아 산에서 제물로 바쳐질 뻔했던 이삭의 모습 속에서는 철저히 순종하시는 성자 예수님의 모습을 보고, 야곱에게서는 옛사람이 바뀌어 새 사람이 되게 하시는 성령 하나님의 놀라운 역사를 보게 된다고 한다.[34] 뿐만 아니라 창세기 1장의 천지창조 선언에서 창조주 하나님(창 1:1), 하나님의 영의 운행에서 성령 하나님(창 1:2), 빛의 창조

---

32. 위의 책. 80-81.
33. 하용조, 「가서 제자 삼으라」(서울: 도서출판 두란노, 1997), 284 이하.
34. 하용조, 「다시는 야곱이라 부르지 말라」(서울: 도서출판 두란노, 2005), 서문.

에서 빛 되신 성자 예수님(창 1:3)으로 형상화하면서 천지창조에 삼위일체 하나님이 어떻게 함께 역사하셨는지를 설명하고 있다.[35]

그는 하나님이 어떤 분인가에 대하여 설교할 때에도 삼위일체적 구조를 사용한다. 먼저 하나님에 대하여 말한다. 하나님은 능력이 무한하시고 영원하신 분이다, 그런데 그 하나님은 바로 우리의 아버지가 되시는 분이다, 그분은 항상 우리에게 좋은 것을 주시는 분이라고 설교한다. 성령님에 대해서는 하나님이 주시는 좋은 것이라고 하면서 하나님께서 주시는 최대의 응답과 축복은 성령님이라고 하였다. 삼위일체로 볼 때 살아 있는 성령님이란 하나님의 숨결이요 예수 그리스도의 현현이다. 성령님이 임하시면 권능을 받고, 순종하는 영, 복종하는 영이 생기게 되며, 열매 맺는 삶을 살게 된다고 한다.[36] 그리스도에 대하여는 성자 하나님으로 부르고 있다. 그래서 하용조 목사는 하나님을 부를 때에 자주 성부 하나님, 성자 하나님 그리고 성령 하나님으로 호칭한다.

6) 감동적이다.

설교는 말로써 청중의 마음에 호소하는 능력이다. 사람의 마음을 사로잡는 힘이다. 그래서 설교에 감동을 받아 눈물을 흘리고 죄를 회개하고 감격의 눈물을 흘린다. 이런 감동의 설교가 하용조 목사의 설교이다. 동시에 단순한 감상적 눈물이 아니라 새로운 변화에 부응하는 결단이 수반된다. 수많은 교인들이 감동을 받아 죄를 회개하고, 매주 늘어나는 교인 수가 결단의 결과를 입증한다. 어느 주일의 결신자가 250여 명에 이르렀다는 것이다. 수평이동에 의한 교인의 증가가 아니라 새신자의 증가라는 것이다. 이는 대형교회의 교인의 수는 증가하는데도 전 교단 교파의 교인 수가 줄어든다는 이상 현상 같은 것이 아니라는 것을 뜻한다.

7) 하용조 목사의 설교의 또 다른 특징은 설득력이 있고 성령의 힘으로 교인들은 설득되고 있다는 것이다.

최근에 발행된 하 목사의 어떤 책은 1년에 10쇄 이상이 발행되고 있다. 즉 1달에 1쇄씩 발행되는 설교집과 신앙집이 이를 증거한다.[37] 그

35. 하용조, 「아담아 네가 어디 있느냐」(서울: 도서출판 두란노, 1998), 11-51.
36. 하용조, 「구하고 찾고 두드리라」(서울: 도서출판 두란노, 1994), 58-63.
37. 하용조, 「예수님만 바라보면 행복해집니다」(서울: 도서출판 두란노, 2004). 이 책은 2004년 7월 26일에 초판 발행된 후 동년 11월 19일까지 6쇄를 기록하고 있다. 즉 5개월간에 6쇄가 발행되어 독자의 손에서 읽히고 있다는 말이다.

만큼 설득력과 감화력이 있기 때문에 독자들이 말씀에 눈을 돌리고 있다는 말이다. 필자도 설교 평가를 위해서 읽고 있지만 말씀에 몰입되는 경우를 많이 발견했다. 글이 아니라 살아 있는 말씀으로 증거할 때는 얼마나 많은 사람이 감화 감동을 받고 새 사람이 되겠는가?

5. 설교자 캘빈과 하용조 목사의 공통점

1) 캘빈과 하용조 목사 두 분 다 육체적 병고 가운데서도 말씀을 증거한 유명한 설교자이다.

캘빈은 설교 때에 지팡이에 의존하였거나 친구의 팔에 기대어 갔다고 한다. 그는 자주 아팠고 피로에 시달리고 있었기 때문이다. 저명한 캘빈주의자인 두메르그는 캘빈 400주년 기념식(1909년 7월 2일) 때 캘빈이 섰던 그 강단에 서서 천식과 폐병에 시달렸던 캘빈에 대하여 다음과 같이 회상한다.

"곧 그의 눈빛은 불꽃처럼 빛났습니다. 끊임없이 육체적 도덕적 고통에 시달리던 그의 좁은 입술이 이제 유창하게 움직이기 시작하였다. 그리고 그의 온 몸 전체로부터 저항할 수 없는 힘이 새어 나왔습니다. 그는 폐병으로 인해 짧게 숨을 쉬면서 천천히 이야기하였습니다. 그러나 그의 모든 믿음, 그의 모든 정열, 그의 모든 정력이 그의 나약한 숨결로부터 너무나도 뚜렷하게 흘러 나왔습니다. 그래서 어느 누구도 그에게서 눈을 돌릴 수가 없었습니다."[38]

필자가 하용조 목사를 만났을 때마다 그가 병으로 수술을 몇 번씩이나 했다는 소식과 지난해 저희 장신대 강연 때에도 지금 병원에서 오는 길이라는 말을 듣곤 했다. 두란노 서원을 창립할 때도 그 명칭을 병상에서 사도행전 말씀을 묵상 중에 얻은 명칭이라고 한다. 이와 같이 캘빈과 하용조 목사는 바울처럼 병으로 인해 연약한 몸을 가지고도 주의 사역을 놀랍게 증거한 설교자임을 알 수 있다.

2) 캘빈과 하용조 목사의 설교는 성경적이다.

캘빈과 하용조 목사는 다 성경말씀에 충실한 설교자이다. 캘빈은

---

38. 신문구 역, 「루터에서 마시용까지 (1483-1742)」세계명설교대전집 2권(인천: 성서연구사, 1984), 236.

설교는 하나님 말씀을 선포하는 것으로써 설교자는 성경말씀만을 선포해야 되는 것이라고 강조했다. 그래서 그는 설교단에 설 때 오직 성경만을 들고 올라 갔고, 설교와 성경에 대하여 다음과 같이 증언한다.

설교자는 하나님의 말씀을 선포하기 위하여 설교단에 서는 것이지, 그 자신의 생각들을 선포하기 위하여 설교단에 서는 것이 아니라고 굳게 믿었다. 그래서 그는 "그러므로 우리가 연단에 서게 될 때 우리의 꿈과 공상을 가져가서는 안 됩니다"라고 이야기하기도 하였다. 설교자는 그가 하나님으로부터 받은 것을 아무런 덧붙임 없이 충실하게 전해야만 한다. 성경에서 논의되지 않은 것은 설교단에서 논의되어져서는 안 된다. 설교단에서 이야기된 말들은 반드시 성경에 쓰여진 말씀들을 토대로 한 것이어야 한다는 것이다.[39]

하용조 목사 역시 설교는 성령의 역사로 간주하여 자기의 생각과 주장을 배제하고 설교는 성경말씀을 성령이 증거하시는 것으로 증언하는 바 철저하게 성경적이다. 예화도 거의가 성경의 이야기들이다. 성경을 성경으로 설명하는 성경적 설교이다. 동시에 그의 설교가 성경적이라는 것은 우선 예수님의 신앙과 생애를 담은 마태복음서 강해 설교에서도 엿보인다. 왜냐하면 기독교의 기초는 예수 그리스도에서 출발하기 때문이다. 그리고 교회의 기초가 되는 사도행전을 두 차례나 반복 강해하여 온누리 교회가 사도행전적 교회로 성장할 수 있었던 틀을 제공하였다. 또한 창세기를 마태복음과 비교하여 하나님의 뜻의 반복과 강조를 확인하여 신앙의 맥을 공고히 할 수 있었다고 본다.

3) 캘빈과 하용조 목사는 많은 설교를 했고 그들의 설교는 설득력과 감화력을 가졌다.

캘빈은 1년에 286편의 설교와 186회 신학강의를 했다고 한다. 제네바에서 설교한 그의 설교가 2,023편이 남아 있다고 한다.[40] 한편 하용조 목사의 설교도 현재까지 문서화된 것만 해도 약 1,000편은 될 것으로 추산된다. 지금까지 한 것과 앞으로 할 것까지 모두가 다 인쇄가 된다면 1만 편에 가까게 될 것으로 예상된다. 온누리 신문에 기재된 설교문(돌봄과 개척, 2001년 9월 2일)과 단행본에 나타난 설교문(마태복음

39. 앞의 책, 239.
40. 앞의 책, 238.

강해설교집 12권, 278-291쪽, 예수님의 마지막 명령)이 마태복음 28:16-20절로 본문이 같으나 제목과 내용은 같지 않음은 내용의 다의성을 백분 활용한 설득의 기교라고 볼 수 있다.

캘빈의 설교는 명쾌하고 강건했으며 핵심을 찌르는 것이었으나 혹독했으며,[41] 설교는 하나님 앞에서 이야기 하는 양 말할 수 있어야 한다는 것이다.[42]

하용조 목사의 설교 편 수가 많은 것에 못지않게 그의 모든 설교는 설득력이 있고 감화력이 있다. 설교의 내용이 분명하다. 개에게 거룩한 것을, 돼지에게 진주를 던지지 말라라는 뜻에 대하여 다음과 같이 명료하게 설명한다.

"그리스도인은 값싼 감상주의자가 아니라는 것입니다. 아무 뜻 없는 순종이 아니요 분별력 없는 사랑이 아닙니다. 비판하지 말라고 했다고 해서 불의를 못 본 체하고 부정에 대해서 침묵하라는 뜻이 아닙니다. 무엇이든지 극단은 위험하고 본질에서 벗어나게 합니다.

지나친 정의감에 사로잡혀서 남을 비판하고 정죄하는 것도 잘못이지만 무분별하게 사랑하는 것도 잘못입니다. 정의에 기초되지 않는 사랑, 그것은 사랑이 아닙니다. 좌충우돌하면서 행하는 것도 좋은 것은 아니라는 뜻입니다. 자를 것은 자르고 이을 것은 이어야 합니다. 공의에 기초하지 않는 사랑은 결코 사랑일 수가 없고 그것은 값싼 감상주의에 불과합니다.

결코 그리스도인은 폭력이나 무력을 사용해서는 안 됩니다. 어떤 집단적인 힘을 이용해서도 안 됩니다. 왜냐하면 기독교는 물리적인 힘을 과시하는 집단이 아니기 때문입니다. 상대방이 우리에게 폭력을 썼다고 해서 그들과 똑같은 방법으로 투쟁하여 그들을 쫓아낼 수 없습니다. 그것은 비기독교적인 발상입니다."[43]

2004년에 출간된 「예수님만 바라보면 행복해집니다」라는 책은 4개월 사이에 6쇄가 인쇄되었다. 말이 아닌 글로도 그만큼 설득력이 있고 김화력이 있을진대 설교자를 보고 직접 듣는 설교야말로 얼마나 감동적이고 매력적이겠는가?

---

41. 위의 책, 235.
42. 위의 책, 239.
43. 하용조, 「구하고 찾고 두드리라」(서울: 도서출판 두란노, 1994), 28-30.

4) 캘빈과 하용조 목사의 설교는 주석적 강해이며 통전적이다.

캘빈의 설교는 성경의 일부분만 보고 설교하는 것이 아니라 성경 전체의 숲과 나무를 동시에 보면서 설교를 하기에 설교를 통전적으로 할 것을 권유한다.

"짧게 이야기해서 사도 바울은 우리가 우리 자신의 상상을 기쁘게 하기 위하여 성경을 끄집어내고 발췌해서는 결코 안 되며, 예외 없이 성경 전체를 반드시 받아들여야 한다는 점을 우리에게 가르쳐 줍니다." 설교자는 "자신의 두뇌로 아무것도 시도해서는 안 된다"고 캘빈은 믿었다.[44]

하용조 목사 역시 성경의 전체와 부분 즉 숲과 나무를 연계시키는 안목 속에서 설교를 한다. 창세기를 강해하면서 창세기 1장의 목적과 마태복음 28장의 목적을 연계시켜서 하나님의 깊은 뜻을 설명하고 강조한다. 이런 안목과 시각은 성경 한 절을 절대시하여 이념화하는 이단의 성경 해석을 극복할 수 있는 유일한 길이다.

이런 문제와 아울러 최근에 젊은 설교학자가 한국교회 설교의 다섯 가지 문제점을 지적하였다. 그 중에 한 가지를 보면, 설교를 단순한 성경해석으로 생각하고, 성경공부처럼 성경지식만 제공한 설교 때문에 하나님의 참 백성으로서의 몸은 커지지 못하고, 귀만 커지고 귀만 자랐다는 것이다. 그는 오늘날 교회 설교의 위기극복을 위해 대안으로 통독설교를 아래와 같이 제안하였다.

"통독설교는 설교의 본문이나 주제를 주어진 본문뿐만 아니라 성경 전체의 시각에서 바라보며 말씀의 내용을 통전적으로 구성하는 설교이다. 통독설교가 한국 교회의 설교의 대안으로 제시될 수 있는 이유는 첫째, 통독설교는 성경을 원천으로 하여 어떤 유형의 설교보다도 성경의 내용을 가감없이 충실히 전하려는 설교이기 때문이다. 둘째, 통독설교는 다른 설교와 달리 성경의 내용을 통전적으로 바라봄으로써 오늘의 한국교회가 직면한 제 분열의 문제들의 해결에 적절한 실마리를 제공할 수 있기 때문이다. 셋째, 통독설교는 강해설교가 보여주는 본문에 대한 부분적인 해석에 성경 전체의 통전적인 해석을 첨부함으로써 성경에 대한 부분적인 해석이 전체적인 안목에서 바르게 해석될 수 있는 길을 열어주기 때문이다."[45]

44. 신문구 역, 앞의 책, 239.
45. 김금용, "통독설교: 새로운 대안으로서의 통독설교", 「신학이해」, 호남신학대학교(2005년, 29집), 201-202.

하용조 목사는 통독설교란 용어를 사용하지 않지만 강해설교에서 통독설교가 지향하는 통전적인 내용을 다 수용하고 있다.

5) 캘빈과 하용조 목사는 사회, 정치, 경제 및 문화구조의 변화로 새로운 사회 즉 이 땅 위에 하나님 나라 구현을 목표로 설교하고 전도하고 목회한다.

캘빈은 제네바 시를 하나님 나라의 표본으로 생각하여 시 전체가 하나님의 말씀으로 통치되고 다스림을 받는 시가 될 것을 추구했다. 또한 자신의 설교를 통하여 공동체 속에서 성결한 시대사조를 이끌어 내려고 하였고, 교회의 삶 속에서 성도들이 하나님의 은혜를 체험하는 방편으로써 설교를 시도했다. 따라서 캘빈의 사역에서 사회를 개혁하고 교회의 성결한 삶을 강화하는 수단으로써 설교가 최우선의 과업으로 등장하게 된 셈이다.[46]

하용조 목사 역시 온 누리가 다 하나님의 말씀대로 변화되어 하나님 나라가 될 것을 희구하며 노력하고 있다. "이 일을 위해 온 교우가 다 선교사임을 자인하고 최우선 과제를 선교에 두고 이 땅 위에 하나님 나라 구현을 목표로 삼고 있다. 왜냐하면 우리 교인들은 하나님으로부터 거룩한 진리와 복음의 진주를 받은 사람들이며, 이것들을 필요로 하는 사람들에게 전하는 것이 우리의 사명이고 주님의 지상명령이기 때문이다."[47]

46. 서중석, "이종윤 목사의 설교와 수사학", 「이종윤 목사의 설교와 신학」(한국교회사학연구원, 2004), 10에서 재인용.
47. 하용조, 「구하고 찾고 두드리라」(서울: 도서출판 두란노, 1994), 32.

온누리 교회의 창립자요 온누리 교회를 섬기는 자인 하용조 목사는 온 누리에, 온 세상에 그리스도의 복음을 전파하고 하나님 나라를 구현하기 위해 태어난 하나님의 사람이다. 전 생애의 목적이 하나님만을 섬기고 그의 영광을 드러내기 위해 사명을 감당하는 바, 이 시대가 낳은 설교자요 목회자이다. 자기의 생각이나 사상을 전하고 주장하는 자가 아니라 그는 설교를 성령의 역사로 인식하고 오로지 하나님의 도구로써 자기에게 위탁된 하나님의 말씀만을 전파하는 바, 이 세대를 향한 예언자이고 성령 하나님께서 말씀하시는 것만 선포하는 설교자이다.

동시에 그는 교회뿐만 아니라 사회와 문화 전반을 성경의 가치관으로 바꾸려는 원대한 이상과 꿈을 가지고 하나님 나라 구현에 총력을 경주하고 있다. 2천/1만 성령사역을 전개하고 있는 것이 바로 이런 비전을 실현하고 있다는 증거이다. 이러한 지도력으로 교회와 사회문화를 섬기며 희생 봉사하는 자를 우리는 예수 CEO라고 할 수 있다. 지배자가 아닌 섬기는 지도자이기 때문이다. 이러한 지도력이 한 시대에 국한되는 것이 아니라 개혁교회 하면 캘빈의 지도력을 회상하는 것처럼 하용조 목사 하면 온 누리에 온누리 교회, 두란노 서원 등 하나님 나라가 이루어지는 역사와 함께 지속되는 목회자로서 그리고 설교자로서의 리더십이 견지되기를 바라는 마음 간절하다. 먼 훗날에 캘빈연구소처럼 하용조연구소가 생기고 캘빈의 신앙과 사상을 연구하여 많은 사람이 학위를 얻듯이 하용조를 연구하여 학위 받는 사람들이 많이 나와 그의 신앙과 삶이 계승되었으면 한다.

올바른 성서적 경험은 언제나 말씀에 기초하여야 한다.

체험은 언제나 말씀에 의하여 평가되어야 한다. 하용조 목사에게는 이 점이 확고하다.

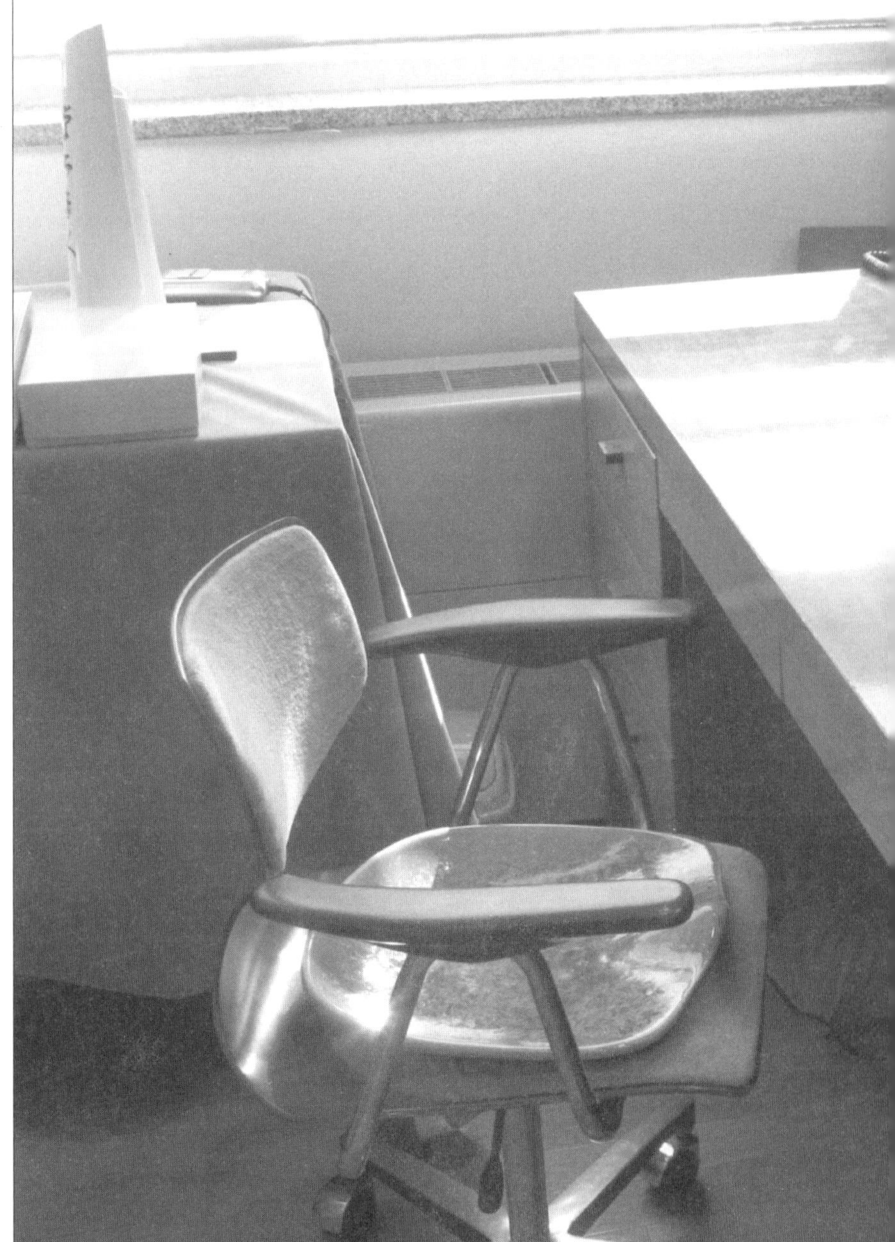

올바른 성서적 경험은 언제나 말씀에 기초하여야 한다.

체험은 언제나 말씀에 의하여 평가되어야 한다. 하용조 목사에게는 이 점이 확고하다.

| 약력 |
한영태 교수

학력
서울신학대학교 신학과 및 대학원
미국 ASBURY 신학대학원
서울신학대학교 대학원 신학박사 (Ph.D)
영국 Cambridge 대학교(연구교수)

저서
해방신학에 대한 이해와 평가 (1987)
삼위일체와 성결 (1992)
웨슬레의 조직신학 (1993)
그리스도인의 성결 (1995)

역서
캘빈주의와 웨슬레신학 (1987)
요한 웨슬레의 생애 (1992)
현대 웨슬리 신학 (1999)

경력
서울신학대학교 교수 (1982-현재)
서울신학대학교 총장 (1996-2001)
전국신학대학 협의회 회장 (1999)
한국복음주의 신학회 회장 (2001-2003)
동북아 신학교 협의회 회장 (2000)

거룩한 복음을 전하는 행복 전도자

─하용조 목사의 설교에 나타난 신학적 특색

한영태 서울신학대학교 교수, 전 총장

거룩한 복음을 전하는
행복 전도자

■ **시작하는 말**

신학의 꽃은 무엇일까?

중세까지만 해도 조직신학이 신학의 꽃이요 면류관으로 알려졌었다. 당시에는 일반적으로 "모든 학문 중의 학문은 철학이요, 학문의 여왕은 신학"이라는 말이 통용되고 있었다. 그리고 여왕의 머리에 있는 면류관에 해당되는 것이 바로 조직신학이라는 말이 있었다. 물론 그때는 아직 신학이 여러 전공분야로 나누어지기 이전이고, 조직신학이 신학의 모든 분야를 포함하던 시기였으니 그런 말은 당연하다 할 것이다.

오늘날에는 신학 안에서도 다양한 전공분야가 발전하였기에 각자

전공마다 자기 분야가 가장 중요하다고 주장하고 있다. 연구자는 조직신학을 공부하고 있으므로 당연히 조직신학이 제일 중요한 과목이라고 해야 하겠지만 그렇게 생각하지 않고, 또 그렇게 가르치지도 않는다.

연구자는 실천신학이 가장 중요한 신학분야이고, 실천신학 안에서는 설교학이 가장 중요하다고 생각하고, 학교에서도 그렇게 가르치고 있다. 이는 신학이 일차적으로 봉사해야 할 장소가 교회요, 봉사의 대상이 신자라고 한다면 당연한 귀결이다. 조직신학, 성서신학, 역사신학을 왜 공부하는가? 하나님의 말씀을 잘 이해하고, 그에 따라 신앙생활을 잘 하기 위해서이다. 신앙생활을 잘하게 하는 실제적인 도움과 길잡이 역할은 실천신학의 몫이다.

교회는 말씀에 의하여 세워졌으며, 말씀에 봉사하는 하나님의 집이다. 하나님의 말씀은 설교에 의하여 해석되고 선포되어진다. 이 선포된 말씀을 통하여 신자들은 '지금 여기에서' 하나님의 음성을 들으며, 그 말씀에 따라서 신앙생활을 하게 된다. 그러므로 설교학은 모든 신학분야에서도 가장 중요한 위치에 있다고 할 수 있다. 이 점에서 설교는 목사의 기쁨이요 영광이면서 동시에 책임이다. 조직신학자 칼 바르트도 "설교는 신학의 꽃"[1] 이상이라고 하였다.

신학의 모든 분야가 결국은 실천신학 그 중에서도 설교학으로 귀결된다면, 설교에는 당연히 신학의 모든 분야가 함축되어 있게 마련이다. 한 편의 설교에는 설교자의 신학이 총체적으로 집약되어 나타난다. 아무리 은혜가 소낙비처럼 매 주일 쏟아진다 해도 그것을 뒷받침하는 신학적인 근거가 없다면 그 은혜는 허공을 치고 말 것이며, 또 오래 지속되지도 못할 것이다. 신학이 참으로 산 신학이 되려면 교회 강단에서 선포되고, 신자들의 생활현장에서 열매를 맺어야만 한다. 앞으로 한국교회의 건강한 성장을 위해서는 신학이 있는 목회, 그리고 깊고 건전한 신학이 있는 설교와 설교가가 절대적으로 필요하다고 본다.

바로 이런 점에서 하용조 목사의 설교를 신학적으로 분석해 보는 것은 매우 필요적절하다고 할 것이다. 그는 한국의 10대 설교가로 선정되었으며, 비교적 짧은 기간에 교회를 급성장시킨 목회자이기 때문이다. 급성장한 교회들은 대체로 신학적으로나 사회적으로 문제를 야

---

1. 정인교, 「설교학 총론」(대한 기독교 서회, 2003), 6에서 재인용.

기하는 경우도 종종 있기 마련인데, 그가 목회하는 온누리 교회는 일체의 문제를 일으키지 않음은 물론, 오히려 많은 목회자들로부터 선망의 대상일 뿐만 아니라 사회적으로도 칭찬과 존경을 받고 있다. 어느새 하 목사와 온누리 교회는 한국의 대표적인 목회자와 교회 중의 하나로 인식되어 있다. 그러므로 하 목사의 설교를 신학적으로 분석해 보는 것은 한국 교회의 건강한 성장과 재도약을 위한 하나의 길잡이로써 유용하다고 본다. 또한 이런 작업이 하 목사 개인에게도 자신을 신학적으로 점검해 보는 좋은 기회가 되리라고 생각한다.

연구자에게 주어진 제한성은 하 목사와 온누리 교회에 대한 사전 지식이 전무하다는 점이다. 연구자와 하 목사는 아직까지 일면식도 없으며, 온누리 교회를 방문해 본 적도 없다. 연구자에게 주어진 30여 권의 저서(주로 설교집들)를 짧은 기간에 읽고 분석한 것이 본 논문이다. 사전지식이 없다는 것은 제한성이면서 동시에 객관적으로 볼 수 있다는 장점도 제공한다고 볼 수도 있으나, 시간의 짧음은 아무래도 연구자에게는 아쉬움이다.

설교가 단순한 종교적인 연설이 아니라 설교자의 인격까지도 공개적으로 요구하고 또 표현하는 작업이라면, 설교자의 신앙과 지속적인

경건생활 그리고 삶의 실천과 모범이 전제되어야 할 것이다. 하 목사

에게 이런 점은 그의 목회사역을 통해 이미 검증된 것으로 확신한다.

목회자마다 독특한 목회형태를 지니게 마련이고 이것이 설교에서도 그대로 나타나게 된다. 이는 예수 그리스도가 우리에게 보여준 세 가지 역할에서 근원적인 형태를 발견할 수 있다. 예수님은 이 땅에서 세 가지 직분을 수행하셨으니 곧 예언자, 제사장, 그리고 왕의 직분이다. 이를 신학적으로 예수 그리스도의 삼중직이라고 한다.

예수의 삼중직은 그리스도라는 그의 직분에서 유래한다. 그리스도는 헬라어이며 히브리어로는 메시아이다. 메시아의 어원적인 의미는 '기름부음 받은 자'이다. 구약에는 기름부음 받은 직분이 셋이 있다. 바로 예언자, 제사장, 그리고 왕이다. 그들은 모두 기름부음을 받고서야 각자의 직분에 취임하거나 사역을 수행할 수 있었다. 그런데 그들 모두는 오실 메시아의 표상이었으며, 예수가 바로 그분이었다. 성경은 예수의 삼중직에 대하여 여러 방면으로 증명하고 있다.

예수는 완전하신 분이시고 구약의 모든 표상의 완성이기에 위의 세 직분을 한 인격 안에 가졌으며 세 직분이 통합될 수 있었으나, 오늘날 우리들은 그렇게 할 수 없는 제한적 존재이다. 개개인의 인격과 사역에는 세 직분 중에 한 가지가 두드러지게 나타나게 마련이다. 교회가 그리스도의 몸이므로 각기 다른 직분에 맞는 은사를 받은 성도들이 모여서 온전한 그리스도의 몸을 이루게 된다. 목회자도 각자의 인격적 특성에 알맞은 직분을 은사로 받아서 그리스도의 삼중직을 분담하여 사역함으로 완수한다.

제사장은 예언자처럼 다른 사람의 죄를 책망하거나 정죄하지 않고, 왕처럼 백성(신자) 위에 군림하지도 않는다. 제사장은 죄인들을 위로하고 싸매어 주며 용서를 선포하고 나아가 울며 회개한 그들을 축복하여 돌려보낸다. 이처럼 제사장적인 목회자는 한 영혼의 구원을 중요시하며, 그에 따른 전도(선교)를 강조한다.

하 목사에게는 이런 제사장적인 특징이 그의 목회(설교)에 강하게 나타난다. 창세기 강해설교에서 그는 로마서와 요한계시록을 연결하여 읽을 것을 권고한다. 창세기에서 아름답고 의롭게 창조된 인간이 타락하였을 때 하나님이 구원의 길을 보여 주신 것이 로마서이며, 구원받은 성도들이 영원한 복락을 누리며 살 세계가 계시록에 보여졌으며, 그때까지 구원받은 성도들은 사도행전에서처럼 성령의 능력을 입고 승리의 삶을 살면서 전도(선교)하면서 타인의 구원을 위해 힘써야 할 것을 강조한다. 이것이 하 목사의 설교의 대 주제이며, 그의 모든 설교를 관통하는 연결고리로 보인다. 즉 그에게는 죄인의 구원이 가장 중요하고 시급하다.

하나님은 죄인을 사랑하사 구원하기 위하여 예수 그리스도를 보내셨으며, 성경이 이를 증거한다는 것이 하 목사의 강해설교의 중심을 차지하고 있다. 특히 그의 히브리서 강해는 예수가 대제사장 되심을 일관되게 해설하고 있다. 예수 그리스도는 첫째, 사람 가운데서 취한 대제사장이고 둘째, 우리 죄를 대속하시는 대제사장이며 셋째, 하나님이 정하신 대제사장이다.[2]

예언자적인 목회자는 사회정의를 외치며 나아가 사회개혁을 주장한다. 하 목사는 이에 대하여 비판적인 견해를 가진 것 같다. "정의를 외치는 사람들은 조심하십시오. 우리가 말하는 정의는 사사기에 나오는 '각기 자기 소견에 옳은 대로 행하는 것' 이상 아무것도 아닙니다. 정의를 말하다 보면 자신이 의로운 사람이라고 착각하게 됩니다. 예수님은 우리에게 사랑으로 다가오십니다. 만일 정의의 칼을 가지고 이 세상에 오셨다면 아무도 살아남을 수 없을 것입니다."[3]

하 목사는 예수의 왕적직분에 대하여 이 땅에서는 평화의 왕으로서, 그리고 창조주와 통치자로서 사탄의 세력을 꺾고 영원히 통치하실 왕으로 언급한다. "예수님은 평화의 왕이십니다. 그러므로 예수님을 영접한 사람에게는 갈등과 전쟁이 없습니다… 이처럼 예수님은 온 세상의 창조주인 동시에 통치자입니다."[4] 왕적직분을 가진 목회자나 신자가 그것으로 교회 위에 군림한다거나 세상에 대하여 우월감을 가지는 것이 아니라, 왕의 능력으로 승리하는 신앙생활을 강조하고 있다.[5]

구원론에서 볼 때 루터는 칭의를, 캘빈은 중생을, 그리고 웨슬리는 성화를 강조하였다. 이 셋은 사실 현세 구원의 전체 과정을 의미한다. 각자의 신학의 특징에 따라서 부분부분을 강조한 것이다. 하 목사에게는 이 셋이 모두 신사의 구원과정에서 중요한 위치를 차지하고 있

2. 하용조, 「예수님만 바라보면 행복해집니다」(두란노, 2004), 123-130.
3. 하용조, 「광야의 삶은 축복이다」(두란노, 2004), 20.
4. 하용조, 「예수님만 바라보면 행복해집니다」(두란노, 2004), 30-31.
5. ibid., 32.

다. 예수 믿고 죄 용서 받고(칭의), 새 생명 얻어서 새 사람 되고(중생), 더 나아가 거룩한 마음을 가지고 생활(성화)을 해야 함이 하 목사의 설교 곳곳에서 강조되고 있다. 이 점에서 하 목사는 구원론 중심의 신학을 기본으로 가지고, 제사장적인 목회(설교)를 하는 사역자인 것 같다.

삼위일체론은 초대 교회부터 구원의 경험에서 야기된 질문이었으며, 신학적 논쟁의 초점도 언제나 구원론과 관계되는 문제였다. 그리스도 사건이 참으로 구원의 사건이라면 그것은 삼위일체론적으로 이해될 수밖에 없었다. 구원사건의 원인자 되는 성부, 이 사건 자체인 성자, 그리고 이 사건이 인간에게 구원의 사건이 되게 하는 성령, 이 세 분은 동등한 인격으로 이해되지 않으면 안 된다. 즉 인간은 자신의 구원경험 속에서 삼위일체 되신 하나님을 경험하며 인식하게 되는 것이다.

성서는 구원에 있어서 삼위일체 하나님의 공동사역을 분명히 보여주고 있다. 성부 하나님은 구원을 계획하셨다. "하나님은 모든 사람이 구원을 받으며 진리를 아는 데 이르시기를 원하시느니라"(딤전 2:3-4). 성자 하나님은 그 계획을 십자가에서 이루셨다. "하나님은 한 분이

시오 또 하나님과 사람 사이의 중보도 한 분이시니 곧 사람이신 그리스도 예수라 그가 모든 사람을 위하여 자기를 속전으로 주셨으니"(딤전 2:5-6). 또한 성령 하나님은 성부와 성자의 구원사역을 오순절 이후에 집행하고 계신다. 이처럼 구원에 관하여 삼위일체 하나님은 '성부는 생각하셨고, 성자는 이루셨고, 성령은 내게로 가져오셨다'고 말할 수 있다.

삼위일체 하나님의 구원론적 의미는 다음과 같이 정리할 수 있다. "성부 하나님은 우리를 구원하기 위하여 아들을 이 세상에 보내셨고, 아들 하나님은 우리를 구원하기 위하여 성육신하셨고, 성령 하나님은 그 구원의 사역을 우리에게 적용하신다."[6]

1. 설교에 나타난 삼위일체

하 목사가 구원론 중심의 신학에 자리 잡고 설교할 때에 삼위일체 하나님이 전제되어 있다. 삼위일체 하나님은 먼저 창조사역에 함께 하셨다. "창세기 1:1은 우주 만물을 창조한 것이 인간이 아니라 하나님 자신이라고 말씀하고 있습니다."[7] 하나님은 창 1:1에서 천지창조를 선언하고, 2절에서는 성령님이 오셔서 운행하셨다고 말하는데, 이 "성령님은 곧 하나님이십니다. 하나님은 생명의 근원이십니다. 성령을 받는 자마다 생명을 받게 됩니다."[8] 또한 요 1:1-5절에는 말씀으로 모든 만물이 지어졌다고 하는데 이 말씀은 곧 예수님이시다. "이 말씀은 하나님과 함께 계셨으며 원래 하나님이셨는데 인간의 몸을 입고 세상에 오셨다고 합니다. 그리고 그 말씀은 예수 그리스도라고 합니다"[9], "하나님은 말씀으로 천지를 창조하셨습니다. 우리가 알게 되는 새로운 사실은 '말씀은 창조의 능력을 가지고 있다'는 것입니다. 바로 그 분이 예수 그리스도이십니다."[10]

오늘날 우리가 하나님의 말씀을 들을 때는 말씀하시는 분이 어떤 분이신가를 분명히 알아야 한다. 이것을 정확하게 모르면 말씀을 오해할 수 있기 때문이다. 우리에게 말씀하시는 하나님은 "삼위일체 하

---

6. H. Orton Wiley, *Christian Theology*(Kansas City: Beacon Hill Press, 1940), 394.
7. 하용조, 「아담아 네가 어디 있느냐」(두란노, 2005), 15.
8. ibid., 35.
9. ibid., 43.
10. ibid.,45.

나님이십니다. 하나님에 대한 바른 신관을 분명하게 가지고 있어야 합니다. 그렇지 않을 때 하나님의 말씀을 자의적으로 해석하고 더 나아가 이단으로 빠질 수도 있기 때문입니다."[11] 이처럼 구약의 음성은 예수님의 음성으로 이어지고, 성령님의 음성으로 확정된다. 즉 오늘 우리에게 말씀하시는 하나님은 한 분 하나님이시니 곧 삼위일체 하나님이시다.

먼저 성부와 성자는 한 분이시다. "예수님은 '아버지와 나는 하나'라는 말씀을 자주 하셨습니다. 하나님과 자신이 하나이고, 자신을 본 자는 아버지를 본 것이라고 말씀하셨습니다. 이는 '내가 하나님이고 구원자' 라는 말씀입니다."[12] 예수님은 하나님의 영광의 광채이시고 본체의 형상이시다. 그러므로 "우리는 그리스도를 통해서 하나님의 영광의 본질에 계속 가까이 들어가며 하나님의 존재를 인정하고 느끼게 됩니다… 예수 그리스도를 통하여 그 영광의 광채 속으로 들어가게 된다."[13]

그리고 성령도 성부와 성자와 같은 하나님이시다. "하나님의 영이 바로 성령님이라고 하는 사실입니다. 하나님은 삼위일체로 존재하십니다… 영으로 오신 성령님은 예수님이십니다. 영에게는 시간과 공간의 의미가 없습니다… 십자가를 지고 부활하신 그 예수님은 구원을 내게 이루시기 위해서는 영으로 오셔야 합니다. 그래야 시간을 초월하여 구원하실 수 있습니다."[14]

이처럼 하 목사는 성경 전체에서 삼위일체 하나님을 발견하고 이를 구원론에 적용시키고 있다. 그의 구원론 중심의 신학은 삼위일체의 틀 안에서 전개되고 설교로 표현되고 있다. 기독교 신학은 삼위일체의 틀 안에서 해석되어야 전통적인 신학이 될 수 있다. 하 목사의 성서해석, 그 중에서도 구원론은 삼위일체론적으로 해석되므로 전통적이라 할 것이다.

2. 예수 그리스도 중심

예수가 하나님이 보내신 그리스도(구세주)임을 믿고 고백하는 데에

11. ibid., 23.
12. 하용조, 「바람처럼 불처럼」(두란노, 2004), 32.
13. 하용조, 「예수님만 바라보면 행복해집니다」(두란노, 2004), 21.
14. 하용조, 「로마서의 축복」 로마서 강해설교 제 1권, (두란노, 2004), 378-379.

기독교 신앙이 있다. 이것이 의심스러워지거나 혹은 부인될 때 기독교 신앙은 존재하지 않게 되며 역사적 기독교의 중요성도 무너지게 된다. 성서는 하나님을 우리에게 나타내 주지만 언제나 그리스도가 그 중심이다. 그리스도에 대한 이해는 곧 그가 계시하는 하나님에 대한 올바른 이해로 나아가게 된다. 그와 함께 인간, 죄, 구원, 교회, 종말과 내세 등 신학의 전체 주제가 그리스도와 연결하게 된다. 모든 신학의 주제들은 기독론적 근거를 가져야만 기독교 신학이 될 수 있다.

특히 성서의 중심 주제인 구원론은 반드시 그리스도가 중심이 되어야 성립될 수 있다. 구원자 하나님은 예수 그리스도를 통하여 구원사역을 이루시기 때문에 구원론 중심의 신학은 자연히 기독론을 근저로 삼는다. 이런 점에서 하 목사의 신학은 기독론 중심이 될 수밖에 없고 그의 설교는 언제나 그리스도가 중심이 되어 해석되고 또 선포된다.

하 목사의 설교에서 예수가 창조의 중심임은 이미 앞에서 설명하였다. 예수는 창조의 중심일 뿐만 아니라, 구원에서도 중심원리가 된다. 예수는 생명의 빛이시다. "예수님 안에는 하나님의 생명이 있습니다. 왜냐하면 예수님은 하나님의 독생자이기 때문입니다, 그분은 말씀의 형태로 존재하십니다. 이 생명 안에 빛이 있습니다… 누구든지 예수님을 만나면 말씀을 알게 되고 그 가운데 거하게 됩니다. 누구든지 예수 그리스도를 믿고 만나면 영원한 하나님의 생명 안에 들어가게 되고 그 영원 안에 있는 빛을 경험하고 하나님의 사랑을 경험하게 될 것입니다.”[15]

그러므로 예수는 구원의 유일한 좌표가 된다. “우리는 예수 그리스도를 나의 구주, 나의 하나님, 나의 메시아, 나의 왕, 나의 참 제사장으로 믿고 고백하며 그분을 통해 구원을 얻습니다.”[16] 예수라는 이름이 이미 그가 구원자임을 알리고 있다.

“이제 예수의 이름이 가진 놀라운 의미에 대해 생각해 보겠습니다. 첫째, 예수는 우리를 구원하는 이름입니다. 베드로는 ‘다른 이로서는 구원을 얻을 수 없나니 천하 인간에 구원을 얻을 만한 다른 이름을 우리에게 주신 일이 없음이니라’ (행 4:12)고 말하였습니다. 예수님은 ‘내가 곧 길이요 진리요 생명이니 나로 말미암지 않고는 아버지께로 올 자가 없느니라’ (요 14:6)고 하셨습니다. 그렇습니다. 예수님을 통하지 않고는 아무도 하나님 아버지께로 갈 자가 없습니다. 예수님은 유일

<hr>

15. 하용조, 「아담아 네가 어디 있느냐」(두란노, 2005), 43–44.
16. 하용조, 「예수님만 바라보면 행복해집니다」(두란노, 2004), 16.

한 구원의 길이시며, 참 길이요 진리요 생명이십니다."[17]

구원의 도리를 가르쳐 주는 로마서를 강해할 때 예수 그리스도가 중심임이 강력하게 표현된다. "복음은 긍휼에 풍성하신 하나님이 우리를 사랑하셔서 자기 아들을 십자가에 못 박혀 죽게 하시고 다시 부활시킨 그 사건입니다… 우리는 십자가와 함께 죽었고 부활과 함께 다시 살아났습니다. 이것이 복음입니다."[18] 그러므로 예수 그리스도는 복음의 핵심이다. 복음의 목적인 구원은 온 인류의 메시아이신 그분이 나의 주님 우리의 주님이라고 말할 때 가능해진다. 오직 예수 그리스도만 통하여 구원이 있으므로 예수는 하 목사의 구원론적 설교의 중심이다. 예수는 놀라운 이름이요, 세상에서 가장 아름답고 뛰어난 이름, 온 우주를 바다처럼 덮을 이름으로서 높이고 찬양된다.

3. 성령을 강조

신적 인격으로서 성령은 삼위일체 하나님의 한 인격이다. 그러므로 성령이 있는 곳에는 성부와 성자가 그 안에 함께 있다. 성부 하나님은 하늘과 역사적 예수 안에만 계시지 않고 성령을 통하여 지금 우리 안에 계신다. 또한 성자 하나님은 이천 년 전 팔레스틴에만 계신 것이 아니라 성령을 통하여 지금 우리 안에 계신다. 그러므로 성령은 "하나님과 그리스도의 현존이다."[19] 이는 삼위일체론적인 틀 안에서의 현존이다. 세상 끝 날까지 신자들과 함께 있으리라는 예수님의 약속은 성령이 우리와 함께 계심으로 이루어지게 된다.

성경에서 성령의 주된 사역은 생명을 주는 것이다. 창조 시에 성령은 이미 생명 주는 사역을 수행하셨다. 하나님의 신이 수면 위에 운행하였다는 말은 하나님의 호흡, 하나님의 생명이 공허하고 흑암이 있고 혼돈이 있는 지구를 감싸고 있었다는 뜻이다. '운행'이란 단어는 암탉이나 비둘기가 알을 품고 새끼를 잉태시키는 것을 말한다. 즉 어미닭이 계란을 품고 있듯이 성령님이 지구를 품고 생명을 잉태하고 계셨던 것이다.[20]

생명을 주는 성령의 사역은 인간 창조에서 잘 나타난다. 창세기 2장에서 하나님이 흙으로 인간을 만들었을 때, 처음에는 생명이 없는 흙

---

17. ibid., 26.
18. 하용조, 「로마서의 축복」 로마서 강해 제 1권, (두란노, 2004), 21.
19. 김균진, 「기독교 조직신학」 3권, (연세 대학교 출판부, 1986), 27-28.
20. 하용조, 「아담아 네가 어디 있느냐」(두란노, 2005), 33-34.

공예품에 지나지 않았다. 하나님이 하나님의 숨, 즉 생기를 불어넣으시니 흙덩이가 살아있는 영적 존재가 되었다. 태초에 인간에게 성령님이 임하심으로 생명이 주어졌던 것처럼 지금도 성령님이 임하시면 생명이 주어지고 새 창조의 능력이 임하게 된다.

그러므로 성령은 오늘날 구원의 사역자이시다. 하나님은 성령에 의하여 죄인을 깨우치고 회개케 하며 믿음으로 인도하여 새 생명으로 거듭나게 하실 뿐만 아니라 거룩하게 하신다. 구원론에서 고찰할 때 성령은 그리스도의 구속 사건을 현재화하고 구체화한다. 이천 년 전 팔레스틴에서 일어났던 그리스도의 십자가와 부활 사건은 시공간적으로 우리와 먼 사건이지만, 이것을 '지금 여기에서' 나를 위해 일어난 사건으로 적용시키는 분이 성령이다. 왜냐하면 성령은 시공을 초월하기 때문이다.[21]

오순절은 성령이 공식적으로 임하시고 사역을 시작한 날이다. 물론 성령님은 오순절 이전에도 삼위일체 하나님으로서 사역하고 계셨지만 개인뿐만 아니라 공동체에도 임하신 것은 처음이다. "영원 전부터 계셨던 예수님이 여인의 몸을 통해 나사렛에 태어나심으로 역사 속에 메시아로 오신 것처럼, 성령님도 영원 전부터 계셨지만 예수님이 승

천하신 후 오순절에 이르러서야 세상에 공식적으로 오셨습니다."[22]

오순절에 공식적으로 임하시고 사역을 시작하신 성령님을 영접하는 것이 오늘날 성도의 신앙생활에 절대적으로 필요하다. 왜냐하면 그분은 예수 그리스도의 현존이기 때문이다. 오늘날 성령 사건은 바로 예수 사건이기 때문에 예수를 영접하는 것은 곧 성령을 영접하는 것이다. 그러므로 '성도는 성령을 받으라' 는 명령과 또 '성령을 주신다' 는 약속에 따라 성령세례를 받고 성령충만을 입어 능력있는 성도가 되어서 승리의 신앙생활을 하며, 사랑 가운데 행하며, 전도하고, 선교하는 성도가 되어야 한다.

하 목사는 자신의 목회를 '성령 목회' 라고 하면서 이는 자신이 하나님으로부터 받은 것이라고 말한다. 온누리 교회에서 사역하다가 6년 만에 건강이 악화되어 안식년으로 하와이에서 쉬면서 기도할 때에 하나님께서 주신 메시지가 바로 '성령님' 이었다고 한다. "저는 '성령으로 돌아가라', '성령 목회를 해라' 하시는 주님의 명령에 순종했고, 그후 성령 목회로 돌아섰습니다. 온누리 교회는 그때부터 성령으로 불

21. 한영태, 「삼위일체와 성결」(성광문화사, 2001), 213.
22. 하용조, 「바람처럼 불처럼」(두란노, 2004), 37.

타기 시작했습니다. 바람을 타고 비상하기 시작했습니다. 이것이 오늘의 온누리 교회를 만든 것입니다."[23]

하 목사가 꿈꾸는 교회는 이와 같이 성령으로 충만한 교회, 즉 사도행전적인 교회다. 이 시대에 다시 사도행전적인 교회가 필요하다는 하나님의 요구와 그에 대한 하 목사의 깨달음이 온누리 교회를 창립한 동기가 되었고, 오늘까지도 온누리 교회의 목표가 되고 있다.[24]

23. ibid., 132.
24. 하용조, 「하나됨의 열망」(두란노, 2004), 10-11.

일반적으로 장로교인들은 '품위 있고 질서 있게' 신앙생활하는 것으로 알려져 왔다. 체험과 성결을 강조하는 감리교인과 성결교인들, 회심과 단순한 성경적 경건을 강조하는 침례교인들, 성령의 엑스타시적 체험을 강조하는 오순절파 교인들과 달리, 개혁주의 전통에 속하는 장로교인들은 순수한 교리에 더 관심을 가지고 점잖게 신앙생활을 하는 것으로 알려져 왔다. 더군다나 성령의 사역과 관계된 거의 모든 것, 곧 따뜻한 경건, 복음전도의 열정, 자발적인 간증, 방언, 기적적인 치유 등은 개혁교회나 장로 교회에서는 찾아보기 어렵다는 것이 일반적인 평이었다. 불행하게도 이런 일반적인 모습은 사실이었다고 저명한 장로교 신학자가 지적하였다.[25]

이러한 장로 교회의 전통과는 달리 하 목사는 체험적인 신앙을 가질 것을 역설한다. 그래야만 참된 신앙을 가질 수 있다. "참된 신앙은 체험을 동반합니다. 신앙은 머릿속에, 교리 속에 있는 것이 아니라 마음속에 있습니다. 신앙은 우리가 인격 전체로 느끼고 해석할 수 있는 것입니다. 백문이 불여일견이란 말이 있습니다."[26]

하 목사의 체험적 신앙은 성 삼위 하나님을 체험으로 만나고, 영접하고, 믿는 신앙이다. 우리는 먼저 하나님을 체험해야 한다. 일찍이 하나님께 항의하던 하박국 선지자도 하나님을 만남으로 변화되었다. 자신의 신앙경험과 논리로 볼 때 악인이 득세하는 것이 이해되지 않아 괴로웠던 하박국도 하나님을 만나고 음성을 들은 뒤에는 더 이상 항의하거나 따지지 않았다. "하나님을 만나면 이렇게 변하는 것이 정상입니다. 하나님을 믿는 것은 단순한 지적 활동, 이성의 활동이 아닙니다. 신앙은 … 아주 생생하게 하나님을 경험하는 것입니다. 하박국이 경험한 이런 전환점이 당신에게도 있기를 바랍니다."[27]

예수님을 믿는 신앙도 체험적인 신앙이어야 한다. "예수를 머리로만 믿지 마십시오. 사상이나 철학으로 믿지 마십시오."[28] 성령님도 체험할 뿐만 아니라, 성령세례를 받고 성령충만을 경험해야 한다. "하나님의 호흡을 체험하시기 바랍니다. 그것은 하나님의 생명입니다. 하나님의 바람입니다. 하나님의 숨결입니다. 여러분이 그것을 체험하셔야 합니다… 오늘 이 자리에 성령님의 바람이 강하고 급하게 이 교회를 채우기를 바랍니다."[29]

성 삼위 하나님을 만나면 구원을 받는다. 하나님의 사랑과 예수 그리스도의 대속의 은혜와 성령님의 사역을 통하여 죄인에게는 구속과 구원의 경험이 오게 된다. "여러분은 죄가 녹아지는 것을 경험하셨습니까? 이것이 구속입니다. 자기 안에서 죄가 사라지고 자기 안에서 죄가 녹아지고 자기 안에서 죄가 산산조각 나는 경험, 그보다 더 큰 감격과 기쁨과 축복은 없습니다."[30]

이런 경험과 함께 구원의 경험을 하게 된다. "무거운 죄의 짐을 벗어 버리고 새로운 관계로 들어가는 것을 경험합니다. 예수님이 내 마음속에서 활동하신 것을 경험합니다."[31] 죄사함과 구원을 경험한 자는

25. 존 헤세링크 지음, 최덕성 옮김, 「개혁주의 전통」(본문과 현장사이, 1997), 105.
26. 하용조, 「성령받은 사람들」(두란노, 2004), 77.
27. 하용조, 「바람처럼 불처럼」(두란노, 2004), 14.
28. 하용조, 「성령받은 사람들」(두란노, 2004), 77.
29. ibid., 77.
30. 하용조, 「하나됨의 열망」(두란노, 2004), 62.
31. ibid., 80-81.

구원 얻은 기쁨과 감격을 마음껏 즐기면서 살아간다. "우리 주님은 죄악에서 우리를 구원해 주셨고, 사탄의 세력에서 우리를 구원해 주셨으며, 질병과 고통과 죽음의 공포에서 우리를 구원해 주셨습니다. 이 구원을 만끽하길 바랍니다."[32]

이런 구원을 경험한 성도에게는 구원의 확신이 성령의 선물로 주어지고, 이 확신의 선물을 받은 성도는 자신의 구원을 확신하면서 기쁨 가운데서 흔들리지 않는 신앙생활을 하게 된다. "성령의 역사로 구원에 대한 확신이 생깁니다. 그리고 안심하는 마음이 생깁니다. 기쁨과 평안이 밀려옵니다."[33] 그리고 어떠한 시험이 와도 흔들리지 않게 된다. 그는 이제 하나님의 아들 되었다는 확신 가운데 거하기 때문이다. 이런 확신은 성령의 세례를 통하여 주어진다. "이 확신이 있으면 어떠한 시험이 와도 흔들리지 않습니다. 이것이 인치시는 역사입니다. 이것이 성령세례입니다… 아들 되었다는 확신은 엄청납니다."[34]

하 목사는 온누리 교회 성도 전부가 성령을 체험하기를 원하고 기도하고 있고, 그 기도는 상당부분 이미 이루어진 것 같다. "우리 개개인과 교회가 성령을 체험하길 원합니다. 마치 번제물이 타듯이 성령 안에서 내 영혼이 녹는 영적 경험을 하기 바랍니다. 그러면 우리는 이

전과 달라질 것입니다. 그렇게 되기를 축원합니다."[35]

이처럼 하 목사의 신학에는 경험이 상당히 중요한 위치를 차지한다. 경험은 성서의 말씀이 진리임을 확증할 뿐만 아니라, 습관적이고 의식적인 신앙을 활기 있고 생생한 신앙으로 바꾸어 준다. 기독교 신앙에서 경험은 성서를 통한 하나님의 계시에 응답할 때 발생한다. 그러므로 경험은 언제나 성서에 의하여 검증되어야 한다. 진리가 경험의 시험대가 될 때 건전한 성서적 경험이 이루어질 수 있다.

---

32. 하용조, 「예수님만 바라보면 행복해집니다」(두란노, 2004), 42.
33. ibid., 262.
34. 하용조, 「하나됨의 열망」(두란노, 2004), 79.
35. 하용조, 「바람처럼 불처럼」(두란노, 2004), 65.

앞 장에서 말한 것처럼 점잖게 신앙생활하는 장로교인들은 성령에 대한 체험과 나아가 성령의 은사에 대해서도 소극적이거나 심지어는 부정적인 견해를 가지는 전통이 있다. 이것은 그들의 신앙선조들로부터의 유산이라 할 수 있다. 캘빈, 츠빙글리, 낙스 같은 개혁파 지도자들은 성령의 은사들에 대해서 별로 관심이 없었다. 그들은 소위 예언, 병 고침, 방언과 같은 성령의 특이한 은사들은 일시적인 것이며, 따라서 사도시대를 끝으로 중단되었다고 보았다.[36] 비록 미국 연합 장로 교회가 1970년에 위와 같은 주장들은 "주석적으로나 교회사적으로 증명하기가 어렵다"고 결론을 내렸으나, 성령의 사역 특히 은사에 대해서는 오순절파나 성결교회보다는 여전히 소극적이다.

그러나 하 목사는 장로 교회에서는 드물게 성령의 은사는 지금도 주어지며, 성도들은 이 선물을 받으라고 가르친다. 성령의 은사는 오늘도 다양하며 하나님은 각 사람의 체질에 따라 다른 은사를 주신다.

고전 12장의 신령한 은사나, 롬 12장의 생활의 은사, 혹은 엡 4장의

직분의 은사 등 우리에게 주시는 은사는 은혜대로 하나님이 각각 다

르게 주신 것이다. 모든 성도는 은사를 가지고 있으나, 그 은사들은 서

로 다르다. "그렇습니다. 우리 각자에게는 다 은사가 있고, 그 은사는

서로 다릅니다."[37] 성령이 임재하시고 성령이 충만하면 "어떤 사람은

방언을 하고, 어떤 사람은 예언을 하고, 어떤 사람은 기적을 베풉니다.

어떤 사람에게는 놀라운 성령의 은사가 많이 나타납니다."[38]

여러 은사들 중에서 방언의 은사가 가장 먼저 주어지며, 또 쉽게 받

을 수 있는 것으로 보고 있다. 재미있는 표현이 있는데 옛날 어떤 부흥

회에서 "개가 아니면 누구나 다 방언을 받는다는 말을 들었는데 요즘

에 보니 그 말이 딱 맞다"[39] 는 것이다. 그렇다고 방언이 값싼 은사는

아니다. 방언은 아주 귀한 은사이다. 하 목사는 모두가 방언을 사모하

고 받기를 바란다고 하였다. 방언뿐만 아니라 다른 여러 은사도 아주

36. 존 헤세링크 지음, 최덕성 옮김, 「개혁주의 전통」(본문과 현장사이, 1997), 112.
37. 하용조, 「바람처럼 불처럼」(두란노, 2004), 110-111.
38. 하용조, 「성령받은 사람들」(두란노, 2004), 84.
39. ibid., 122.

강력하게 일어나기를 바라고 기도해야 한다고 강조한다.[40]

은사뿐만 아니라 기적도 오늘날 일어날 수 있다. "사도행전 1:18을 보면 '오직 성령이 너희에게 임하시면 너희가 구원을 받고'가 아니고, '권능을 받고'라고 되어 있습니다. 물 세례는 구원을 위한 세례이고 성령세례는 능력을 위한 세례입니다."

오순절 사건 이후에 제자들은 능력을 받아 여러 가지 기적을 행하였는데, 이는 저들이 성령세례를 받아 성령으로 충만했기 때문이다. 이런 일이 오늘도 가능할까? 누가 이런 능력을 행할 수 있을까? "바로 우리가 할 수 있습니다. 성령이 임하시면 할 수 있습니다."[41]

오늘날 성령에 관한 논쟁 중의 하나는 성령세례에 대한 해석이다. 오순절 계통은 중생 이후에 오는 체험이며 은사와 관계된 것으로 본다. 성결파 교회들은 중생 이후에 성결의 경험으로 해석한다. 그리고 장로교 측에서는 중생체험을 성령세례와 동일시한다. 오순절 측과 성결교회 측은 제2의 경험으로 성령세례를 말하는데 장로교 측은 2차적인 것을 부인한다.

하 목사는 물 세례와 성령세례를 구분하면서 성령세례를 2차적인 것으로 보고 있는 것 같다. 물 세례는 회개와 구원을 표현하고, 성령세례는 구원의 확신과 능력 그리고 인치심으로 보면서 '불 세례'라고도 한다. 성령세례를 통한 능력받음을 가장 강조한다. 사도들이 이미 구원을 받았지만, 성령세례, 불 세례를 받아서 새롭게 변화받고 능력있는 일군들이 되었다. 그러므로 우리도 그냥 구원받은 것에서 끝나지 말고 성령세례를 받아야 한다.[42]

그러나 물 세례와 동시에 성령세례를 받는 경우도 있고 성령세례를 먼저 받고 물 세례를 받는 경우도 있다고 하므로 2차적인 경험으로써 성령세례에 대한 해석은 혼동이 일어난다.[43]

또 다른 곳에서는 성령세례의 성격을 중생에서 일어나는 내용들로 설명하고 있다. 즉 "성령세례, 구원의 확신은 무엇을 의미합니까? 신분의 변화, 위치의 변화입니다. 마귀자녀에서 하나님의 자녀로, 지옥자식에서 천국자식으로 바뀌는 것입니다."[44] 이것은 분명히 중생을 설명하는 표현이다. 따라서 성령세례가 1차적 즉 중생 때냐 아니면 2차

40. 하용조, 「바람처럼 불처럼」(두란노, 2004) 109, 116.
41. ibid., 124.
42. 하용조, 「변화받은 사람들」(두란노, 2004), 159–161.
43. ibid., 162.
44. 하용조, 「바람처럼 불처럼」(두란노, 2004), 49.

적 즉 중생 후에냐 하는 문제는 하 목사에게는 불분명하다. 둘 다 가능하다는 것이 하 목사의 견해인 것 같으나, 2차적으로 보는 견해가 더 자주 나타난다.

성령세례와 함께 논란이 되는 것은 오순절 사건이다. 오순절 사건이 역사적으로 반복될 수 있느냐 아니면 유일회적 사건이냐 하는 것이다. 이는 오순절 성령강림이 '단회적이냐 연속적이냐' 하는 것으로서 한국을 포함하여 보수적인 장로교측은 오순절 사건은 반복될 수 없는 유일회적 사건이라고 주장한다.[45] 하 목사는 오순절 사건이 오늘도 신자에게 가능하다고 보고 있으며, 이런 오순절이 온누리 교회와 교인들에게 경험되기를 기원하고 있다. 그는 성도들이 성령을 사모하고, 성령세례를 받아야 한다고 강조한다. 심지어는 그의 책을 읽는 사람들에게도 "오순절의 동일한 축복이 임하기를 기도한다."[46]

성령체험과 은사를 강조하면서도 열광주의나 신비주의에 빠지지 않는다. 하 목사는 오히려 잘못된 성령운동을 비판하면서, 하나님의 말씀에 제대로 서 있지 않으면 그런 결과를 가져오게 된다고 경고한다. 올바른 성서적 경험은 언제나 말씀에 기초하여야 한다. 체험은 언제나 말씀에 의하여 평가되어야 한다. 하용조 목사에게는 이 점이 확고하다.

---

45. 장로 교회 합동측과 고신측이 이런 주장을 한다.
46. 하용조, 「바람처럼 불처럼」(두란노, 2004), 서문.

성자이십니까? 하 목사가 에베소서를 강해하면서 서두에 던지는 질문이다. 우리가 성도라는 말에는 쉽게 동의하면서도 성자라는 말에는 선뜻 대답하지 못한다. 그러나 성서 본문에는 성도가 성자(saint)로 되어 있음을 주목해야 한다. 예수 믿는 사람은 하나님의 사람으로 이 세상을 살 때 이제는 세상 사람이 아니다. 하나님의 백성이다. 그러므로 성도의 삶 속에는 구체적으로 거룩함(성화, 성결)이 있어야 한다.

거룩한 성도의 거룩한 삶을 설명할 때에 하 목사는 먼저 성서 어원의 뜻을 해석한다. 성서에 거룩을 뜻하는 단어는 '하기오스'인데 이 말은 우선 '구별'되었다는 뜻이다.[47] 신약의 하기오스는 구약의 카도쉬인데, 이 말은 사람, 동물, 장소, 시간, 물질 등등에 적용된다.

이스라엘을 하나님의 백성이라고 할 때 이 말은 선택된 민족, 구분된 민족이라는 의미이지, 이스라엘이 실지로 거룩한 백성이 되었다는 뜻은 아니다. 성막(성전)이 거룩하다는 말은 하나님께 제사(예배)하는 집으로 구분되어 사용한다는 뜻이다. 하나님께 바치는 제물이 거룩한 이유도 실제로 거룩하게 동물들이 변화된 것이 아니라 하나님께 바치는 것으로 구분되었기에 거룩하다고 부른다. 그러므로 성도는 이 땅에서도 나는 '구분된 사람' 이라는 의식을 가지고, 구분된 삶을 살아야 한다. 이것이 성화의 삶을 사는 첫 걸음이다. 구별된 백성의 첫 출발이다.

하기오스(카도쉬)의 또 다른 의미는 정결이다. 이는 사람에게만 해당되는 개념이다. 하 목사는 거룩에서는 정결을 설명하지 않고, 하나님께서 말세에 자기 백성에게 성령을 부어 주실 때 회복의 역사 가운데서 정결케 하심을 설명한다.[48] 하나님께서 성령으로 새 마음을 주시면 굳은 마음이 부드러운 마음으로 변화된다(겔 36:26). 또한 "맑은 물로 너희에게 뿌려 너희로 정결케 할 것이며"(겔 36:25)라고 약속하셨다. 흥미로운 것은 하 목사가 여기에서 제시한 성경구절들이 요한 웨슬레가 성결에 대하여 설명할 때 제시한 구절들과 같다는 점이다.

47. 하용조, 「하나됨의 열망」(두란노, 2004), 21-22.
48. 하용조, 「바람처럼 불처럼」(두란노, 2004), 83-84.

성결교회와 나사렛 성결교회에서는 성결의 경험이 바로 성령세례라고 주장한다. 이것은 성결하게 되는 방법을 설명한 것이다. 그런데 하 목사도 그와 같은 주장을 한다는 점이다. 성령세례를 받고 나면 거룩과 성결을 경험하게 된다고 말한다. "성령세례를 받으면 거룩과 성결을 경험하게 됩니다. 그렇습니다. 성령의 법이 죄와 사망에서 우리를 해방시켜 줍니다. 그리고 죄가 떠난 자리는 비어 있지 않습니다. 그 자리에는 하나님의 거룩이 임합니다."[49]

성령은 거룩한 영이면서 동시에 거룩하게 하는 영이시다. 우리가 성령세례를 받으면 거룩한 성령이 우리 안에서 우리를 거룩하게 하는 것이다. 우리 몸과 마음, 생각과 영이 깨끗해지게 된다. 곧 아버지를 닮은 자녀가 되는 것이다. 죄로 말미암아 하나님이 우리에게 주셨던 하나님의 형상이 모두 파괴되어 버렸는데, 다시 하나님의 형상과 모양으로 회복시켜 주시는 것이다. 이것이 예수님과 성령님을 통해 우리에게 오는 성결의 은혜이다. 이처럼 거룩하게 되는 것은 인간의 힘으로는 불가능하다. 칭의, 중생, 성결 모두가 은혜로 이루어진다.

성령세례를 통하여 거룩해진 성도가 어떻게 그 은혜를 유지하며 거룩한 삶을 살 수 있을까? 해답은 역시 성령에게 있다. 성령세례를 받으면 무엇보다도 능력을 받게 된다. 성령으로 세례를 받으면 나쁜 생각, 더러운 생각이 없어진다. 자연히 행동도 달라진다. 즉 그는 '성령인간'[50] 이 됨으로 거룩하게 살 수 있다.

하 목사의 성화관은 장로 교회와 성결교회의 성화관이 혼합되어 있는 것 같다. 캘빈은 중생과 성화를 동일시하였으며, 중생 후의 성도의 신앙적인 삶의 전 과정을 성화 또는 성화의 과정이라고 하였다.[51] 이는 점진적 성화이다. 성결교회는 웨슬레를 따라서 중생과 성화를 서로 다른 은혜로 보고, 중생 후에 점진적 성화의 과정 중에 완전성화의 은혜가 있다고 주장한다. 그리고 완전성화의 체험은 성령세례라고 한다.[52] 이것은 순간적인 성화의 체험이다. 하 목사에게는 점진적 성화의 개념이 있으므로 장로 교회와 같으나, 성령세례를 성결로 보는 점에서는 성결교회와 비슷하다. 그러나 완전성화의 개념은 없는 것으로 보이므로 그는 여전히 장로 교회의 사람이다.

하 목사가 성결을 성령세례로 보면서 그를 통한 능력받음을 강조하

---

49. ibid., 50.
50. ibid., 52.
51. 빌헬름 니이젤, 이종성 역, 「캘빈의 신학」(대한기독교서회, 1973), 125-127.
52. 한영태, 「그리스도인의 성결」(성광문화사, 2001), 185-187.

는 것은 19세기 후반 미국에서 일어난 ‘오버린 완전주의’(Oberlin Perfectionism) 혹은 영국에서 시작된 케직(Keswick)운동과 매우 유사하다. 당시 개혁주의 신학노선에서 피니(Charles G. Finny)나 머핸(Asa Mahan) 등은 성결을 강조하면서 성령세례를 통한 능력받음을 강조하였다. 영국의 캘빈주의자들 중에서도 어떤 이들은 성령세례를 통하여 능력을 받음으로 중생 후에도 남아 있는 옛 본성을 억누르고 승리의 삶을 살 수 있으며, 그것이 성결이라고 하였다. 한국에는 영미의 이러한 영향을 이은 머리(Andrew Murray)나 토리(R. A. Torry)의 책들을 통해서 성결, 성령세례, 능력받음 등이 널리 확산되었다.[53] 하 목사에게도 이러한 경향이 많이 나타나 있다.

---

53. 이에 대하여는 배본철 「한국교회의 성령세례 이해에 대한 역사적 연구」(서울 신학 대학교 대학원, 박사학위 논문, 2001)을 참고하라.

캘빈주의 또는 장로 교회를 말할 때면 가장 먼저 떠오르는 것은 아마 예정론일 것이다. 이렇게 말하면 그들은 오해라고 한다. 캘빈신학에서 중요한 교리는 기본적으로는 종교개혁의 3대원리-오직 은혜만으로, 믿음만으로, 성경만으로-이며, 거기다가 '하나님의 절대주권'과 '오직 하나님께 영광'이라는 것이다. 그럼에도 불구하고 예정론이 캘빈신학의 중요한 특징인 것은 분명하다.

하 목사도 장로 교회 목사이므로 예정론이 나타난다. 그러나 강하게 지주 나타나지는 않는다. 그는 '예정'이란 단어는 거의 사용하지 않고, 대신 '선택'이라는 말을 주로 사용한다. 선택은 성경 전체의 핵심적인 진리이며, 이는 축복이라고 말한다.[54] 예정에 대한 근거 구절로 주로 사용되는 창세기의 야곱과 에서의 사건이나 엡 1:4-5절을 강해할 때도 선택으로 설명하고 있다. 이는 의도적인 사용이라고 생각된다. 예정에는 분명히 선택과 유기가 포함되는데, 하 목사는 유기는 거의 언급하지 않고 선택만 강조하고 있다. 오늘 내가 받은 구원이 하나님의 사랑에 의한 선택임을 말한다. 하 목사에게 선택은 "창세전에 우리를 사랑하기로 결정한 것"[55]이다. 선택은 어차피 불공평을 포함하지만 우리는 하나님의 불공평을 이해할 수 없다고 말한다. 이는 목회자로서는 당연한 자세로 보인다. 지금 그가 가르치는 대상은 이미 구원받아 성도가 된 사람들이며, 그들에게는 선택과 사랑과 축복 그리고 감사를 가르치는 것이 목회자의 큰 역할이기에, 그는 유기는 언급하지 않고 선택을 강조한다.

그밖에 그의 많은 저서에서 예정론은 나타나지 않는 것 같다(연구자의 짧은 연구기간 안에서 하는 말이다). 오히려 복음전도자로서 또 선교를 강조하는 입장에서 '누구든지 예수를 믿으면 구원받는다' 는 메시지가 강력하게 되풀이 된다. 예를 들면 로마서 강해에서 롬 1:16-17을 중심으로 '복음에 나타난 하나님의 의' 라는 제목에서 구원은 하나님의 선물이며, 오직 예수를 믿는 자가 구원받으며, 구원의 대상에는 제한이 없다고 하였다.[56]

그 외의 저서에서도 위와 같은 메시지가 수없이 나타난다. 설마 이 말이 '예정된 사람은 누구든지' 라는 편협한 의미를 숨기고 하는 말은 아니라고 생각한다. 그렇다면 하 목사에게 장로 교회의 엄격한 전통적 예정론은 매우 희미하다고 생각한다. 이는 그가 가슴이 뜨거운 목회자요 복음전도자이기 때문이라고 본다.

54. 하용조, 「하나됨의 열망」(두란노, 2004), 47.
55. 하용조, 「로마서의 비전」(두란노, 2004), 35.
56. 하용조, 「로마서의 축복」(두란노, 2004), 46-54.

지금까지 논의된 것들은 다음과 같이 요약할 수 있다. 하 목사는 건전한 복음주의 신학을 소유한 목회자요 설교가이다. 그의 설교의 중심주제는 언제나 '구원' 이다. 그의 구원관은 전통적인 삼위일체 신관 안에서 전개된다. 그러면서도 언제나 예수가 메시지의 중심이 되어 '그리스도와의 연합' 이 주제가 되면서, 이어서 성령의 구원사역이 강조된다.

삼위 하나님의 사랑의 선물인 이 구원은 체험해야 하므로 그에게는 체험의 신학이 자리 잡고 있다. 구원의 체험은 오늘 성령의 사역으로 이루어지기 때문에 성령체험이 강조되면서 자연히 은사체험도 권장된다. 이렇게 구원받고 성령세례와 성령충만을 경험한 성도의 삶은 거룩한 삶 즉 성결한 삶이 되어야 한다. 성도 자신이 이런 은혜의 삶을 살면서 복음을 전해야 한다는 것이다. 종합적인 면에서 하 목사는 제사장적인 목회자요 설교가라고 생각한다.

하 목사가 성령체험을 강조하는 것은 전통적이고 보수적인 장로 교회의 입장과는 차이가 있다. 그가 중생과 성령세례를 구분하고 성령세례를 능력받음으로 해석하는 것은 19세기 영미에서 일어난 근대 개혁주의(캘빈주의)의 영향을 받은 것으로 보인다. 특히 성령세례를 성결로 보고 이를 능력받음이라고 해석하는 것은 근대 개혁주의(캘빈주의)의 성결론을 거의 그대로 수용한 것으로 보인다. 성령의 은사에 대하여 긍정적이고 적극적인 태도는 오순절주의의 영향이거나 아니면 1980년대 이후 한국에 들어온 '제 3의 물결'에서 영향받은 것이 아닌가 생각된다.

하 목사에게는 장로 교회 목회자로서는 드물게 성화사상(성결, 거룩)이 강하게 나타난다. 그의 성화관은 감리교회나 성결교회에서 주장하는 웨슬레의 성화관과는 거리가 있다. 그의 성화관은 위에서 말한 것처럼 19세기 개혁주의에서 주장한 성화관에 가깝다. 그러면서 능력받음을 강조하는 것은 성결교회와 같은 주장이다. 이는 성결교회가 19

세기 성결-부흥운동에 기원하고 있으므로 19세기의 성결운동가들의 공통사상을 공유한 것으로 보인다.

하 목사에게 예정론은 아주 약하게 그리고 드물게 나타난다. 예정을 말할 때도 선택을 강조함으로 하나님의 사랑과 내가 받은 구원의 은혜를 설명하는 용도로 활용되고 있다. 예정론보다는 오히려 만인 구원의 가능성을 염두에 두고서 전도와 선교를 이 시대 교회와 성도의 사명으로 강조한다. 누구나 '예수 믿으면 구원받는다'는 것이 그의 설교의 중심주제이다.

하 목사는 장로 교회 목사이지만 그에게는 전통 장로 교회의 신학과 함께 성령의 체험과 은사를 강조하는 오순절교회와, 성결을 강조하며 누구나 예수 믿으면 구원받을 수 있다는 웨슬레 신학이 복합적으로 어우러져 있는 것 같다.

그의 설교에 나타난 신학사상을 살펴보면서, 하 목사는 행복한 목회자요 설교가라는 생각이 연구자의 머릿속에서 떠나지 않았다. 그는 진정 예수 때문에 행복한 사람이요, 교회와 성도들로 인해 행복한 목회자로 보인다. 그러기에 그는 자신이 찾은 행복을 다른 사람들에게-

광야같은 세상을 살아가는 사람들에게-전하고 싶은 심정으로 가득 찬 전도자로 보인다.

그는 '행복전도자' 이다.[57]

---

57. 하용조, 「예수님만 바라보면 행복해집니다」(두란노, 2004).
    하용조, 「광야의 삶은 축복이다」(두란노, 2004).

지정의(知情意) 고루 갖춘 성경 중심의 설교가

문성모 목사 (대전신학교 총장)

설교가 연구 공개강좌에 발표된 세 발표자의 논문을 종합하면 하용조 목사 설교의 특징은 크게 세 가지로 요약할 수 있다.

1. 지정의(知情意)의 3요소를 고루 갖춘 설교가 – 하용조 목사의 설교에는 풍부한 성경적 지식과 십자가의 사랑에 대한 가슴 뭉클한 감정과 그 옛날 성령시대를 재현하려는 강한 의지가 나타나고 있다.

2. 삼위일체 중심적 설교가 – 성부, 성자, 성령 하나님을 개별적으로, 혹은 통전적으로 강조하는 삼위일체 신학이 저변에 깔려있다.

3. 주어진 이름대로 설교하는 설교가 – '하용조' 라는 목사님의 이름 석

자에 그의 설교 성향이 다 들어있다.

종합적으로, 지정의(知情意)와 성부, 성자, 성령 삼위일체와 하용조 목사의 함자 석자(하·용·조)를 연계시켜서 삼행시를 지어보면 설교를 분명하게 요약할 수 있다.

하 – 하나님의 말씀에 대한 풍부한 지식으로 말씀을 말씀되게 하여 하나님의 뜻만을 전하려는 설교가.

용 – 용서와 사랑과 회개와 구원의 감정을 불러일으키는 예수 그리스도 중심적 설교가.

조 – 조용한 어조 속에 강한 의지를 가지고 사도행전의 역사를 재현시키려는 성령강조형 설교가.

그런 의미에서 하용조 목사의 설교를 주제로 세 분 교수님들의 발표는 매우 그 방향이 적절하고 전개과정이 훌륭하며 결론이 명쾌한 글이라고 생각한다. 세 분 모두 약속이나 한 듯이 하용조 목사 설교에서 지정의의 3요소와 삼위일체의 신학을 설명하고 있다. 또한 하용조 목사의 설교가 하나님의 말씀에 대한 지식으로 풍부하고 하나님께서 의도하시는 메시지를 전하려는 것을 강조하였고, 모든 설교가 어떤 본문을 주제로 하든지 간에 예수 그리스도와 십자가 사건이 중심내용임을 간파하고 있다. 한편 초대 교회의 사도행전적 성령의 역사를 이어가려는 강력한 의지가 그의 설교에서 나타나고 있다는 것을 역설하였다.

이제 세 발표자를 개별적으로 논찬해보면 다음과 같다.

강사문 박사는 하용조 목사의 설교 중에 하나님적 요소와 말씀에 대한 지적(知的)요소를 강조하고 있다. 그의 글 결론에서 하용조 목사를 가리켜 "하나님 나라를 구현하기 위해 태어난 하나님의 사람, 전 생애의 목적이 하나님만을 섬기고 그의 영광을 드러내기 위해 사명을 감당하고 있는 설교자, 오로지 하나님의 도구로서 자기의 생각이나 사랑이 아닌 위탁된 하나님의 말씀만을 전파하는 설교자"로 규정하고 있는데 이는 매우 정확한 평가로서 동의하는 바이다.

특별히 하나님 중심의 설교자임을 강조하기 위해서 강사문 박사는 하용조 목사를 종교개혁자요 대표적인 강해설교가였던 칼빈과 비교하고 있는 점은 대단히 흥미로운 부분이다. 칼빈 생애의 모토가 '오직 하나님께만 영광'(Soli Deo Gloria)이었는데, 이는 또한 하용조 목사가 가장 간절히 원하는 삶의 목표요 설교의 목적도 되는 것이다.

하나님의 말씀에 대한 풍부한 지식을 바탕으로 하는 하용조 목사의 설교는 성경으로 성경을 해석하는 강해식 설교이다. 그러므로 하용조 목사의 설교에 대하여, 세상적인 예화가 거의 없고 대부분 성경의 이야기들이 예화의 자리를 대신하고 있는 '성경을 성경으로 설명하는 성경적 설교'라고 분석한 강 박사의 예리한 분석에 찬사를 보내는 바이다.

한영태 박사는 하용조 목사의 설교 중에 예수 그리스도적 요소와 감정적 요소를 특별히 강조하고 있다. 한 박사는 그의 글 결론에서 하 목사의 설교에 대해 메시지의 중심 주제는 언제나 구원이고, 언제나 예수가 메시지의 중심이 되어 그리스도와의 연합을 강조한다고 설명하고 있다. 한영태 박사는 그의 글에서 하용조 목사의 설교신학을 분석하면서 예수 그리스도를 통한 구원론 중심의 신학을 가장 먼저 강조하고 있으며 이에 따라서 하 목사의 설교가 제사장적 설교임을 역설하고 있다. 즉 그리스도의 삼중직무 가운데 제사장은 예언자들처럼 다른 사람의 죄를 책망하거나 정죄하지 않고 왕처럼 백성 위에 군림하지 않고, 오히려 죄인들을 위로하고 싸매어 주며 용서를 선포하고 나아가 울며 회개한 그들을 축복하는 역할을 하는데 이것이 바로 하용조 목사의 설교 스타일이요 내용이라는 것이다. 즉 하나님 은혜의 통로인 예수 그리스도를 통한 인간의 구원이 하용조 설교의 대 주제임을 말한 한영태 박사의 통찰력은 큰 박수를 받아 마땅하다.

하용조 목사는 그 성품이나 인상 자체에서 날카롭게 사회정의를 외치는 예언자의 면모나 신자 위에 군림하려는 왕의 교만을 조금도 찾아볼 수 없다. 하 목사는 영락없는 제사장의 풍모를 지녔고 예수님의 눈빛과 예수님의 심장과 예수님의 음성으로 설교하는 이 시대의 또 하나의 제사장이라고 할 수 있다.

유상현 박사는 하용조 목사의 설교 중에 특히 성령적 요소와 의지적 요소를 강조하고 있다. 유 박사는 하 목사의 목회와 설교의 비결을 풀어내는 열쇠의 코드명을 '오순절'로 파악하고 있는 점이 매우 신선하고 독특한 부분으로 다가온다. 유 박사는 하용조 목사의 목회와 설교 코드가 바로 '오순절'이기 때문에 그의 설교는 이 오순절 성령강림의 역동성과 성령역사인 사도행전의 기록에 대한 애착과 강조가 두드러짐을 설명하고 있다. 오순절로 말미암아 교회가 성립되고 그 역동성에 힘입은 말씀의 강력한 전파와 땅 끝까지 복음을 전하려는 성령의 강력한 의지에 의하여 전개되는 사도행전의 선교역사는 하용조 목사의 설교와 목회의 기본 틀을 형성하고 있음을 설득력 있게 역설한 유상현 박사의 사도행전 전문가다운 통찰력에 감탄하지 않을 수 없다.

하용조 목사는 사도행전 29장을 쓰려는 심정으로 온누리 교회를 시작하였다는 것과 사도행전에 대한 강해를 다른 성경과 달리 두 번에 걸쳐서 반복적으로 설교했다는 것, 또한 그 분량이 3권의 책, 무려 1,500쪽에 이른다는 유상현 박사의 지적대로 하용조 목사는 초대교회 성령의 역사를 이 시대에 재현시키려는 강력한 의지를 가지고, 오순절의 '바로 그 교회'(The very church)를 만들어 나가는 성령 충만한 설교가임에 틀림이 없다.

아쉬운 점이 있다면 하용조 목사의 설교는 신학보다는 삶 자체에서 우러나오는 설교인데 '움직이는 종합병원'이라는 평을 듣는 그의 고난과 병고의 인생 역사를 깊이 있게 관찰하면서 그의 설교를 분석하려는 시도가 있어야 하겠고, 또한 보수적인 복음을 지닌 그가 어떻게 가장 폭이 넓고 충격적인 문화를 동반한 목회의 첨병이 될 수 있는지에 대한 신학적 분석이 계속되었으면 좋겠다고 생각한다.

결론적으로 하용조 목사를 한국교회에 주신 하나님께 감사하지 않을 수 없다. 그는 다음의 몇 가지 점에서 한국교회의 강단에 독보적이고 특이한 존재이다.

1. 하용조 목사는 21세기에도 부드러움이 강함을 이길 수 있음을 보여

주는 감동적인 설교가이다. 웅변적인 설교, 자극적인 유머가 곁들인 설교, 신유의 은사가 강조되는 설교, 과대 포장된 간증 중심의 설교가 유행하는 이 시대에 조용하면서도 감동적이고 조미료가 들어가지 않았음에도 맛이 일품인 설교가 성공할 수 있음을 보여주는 하용조 목사님은 귀한 보배가 아닐 수 없다. 예수님의 설교가 레코딩되어 있지 않지만 하용조 목사님의 설교는 예수님의 설교 아류(亞流)로서의 가장 근접한 자리에 있음을 믿어 의심치 않는다.

2. 하용조 목사는 21세기에도 성령의 강력한 역사에 힘입어 초대교회 같은 교회가 만들어질 수 있음을 보여준 귀한 지도자이다. 교회가 점점 본질을 잃어가면서 정치화되고 조직이 강조되고 비본질적인 것이 주인 노릇을 하는 이 시대에 하용조 목사의 온누리 교회는 오늘날의 예루살렘 교회요 안디옥 교회로서 그 가능성을 만 천하에 보여주고 있는 독보적인 존재인 것이다. 뜨겁지만 광신주의가 아니며, 교회를 교회되게 하려는 의지가 있으나 세상의 문화를 포용하고, 세상을 구원하려는 사명감이 남다르지만 세상 위에 군림하려는 자세가 없고, 복음적이지만 근본주의적 색채가 없는 하용조 목사의 설교는 이 시대 설교학의 내용을 바꾸어야 할 만큼 감동적이며 소중한 보물이다.

3. 하용조 목사는 성경을 한없이 받드는 성경중심의 설교가 교회 부흥을 가져올 수 있음을 실천적으로 보여주는 귀한 설교가이다. 더욱 특이한 것은 그의 설교에 자신에 대한 예화가 거의 없고 자신에 대한 자화자찬이 조금도 표현되지 않음에도 불구하고 성도들이 그의 인격에 감동하고 그의 삶을 본받으려고 노력한다는 점이다. 하용조 목사는 세상적인 예화가 없어도 성경만을 받드는 설교가 성공할 수 있음을 보여주는 이 시대의 보석 같은 설교자이다. 또한 설교를 통한 자기 피알(PR)시대에 오직 하나님 말씀의 도구로서 자기를 감추고 침묵하며 하나님만 드러내고 하나님의 영광만을 위해서 설교하는 하나님 중심, 예수 중심, 성령 중심의 설교자이다. 그리고 고난과 병고를 괴로워하지 않고 오히려 자랑하며 복음을 전했던 바울과 칼빈을 닮은 설교자이다.

플라톤은 그의 행복론에서 "소크라테스와 동시대에 살 수 있다는 것"을 행복의 요소로 꼽았다. 논찬자는 감히 이 시대의 최고의 설교자요 목회자인 하용조 목사님과 동시대를 살아갈 수 있다는 것 자체가 행운이요 그의 설교를 육성으로 들을 수 있다는 것이 행복이라고 말하면서 논찬의 결론을 맺는다.

"이 시대 문화 코드에 맞는
새로운 목회 패러다임을 꿈꿉니다"

온누리 교회 하용조 목사

저를 한국교회 10대 설교가로 선정하여 주신 한국교회사학 연구원에 감사드립니다.

돌이켜 보면, 저의 설교 세계는 데니스 레인, 캠벨 모건, 마틴 로이드 존스, 존 스토트, 존 맥아더, 짐 그레이엄 등의 목사님들에게 많은 영향을 받은 것 같습니다.

말씀을 묵상하고, 그것을 통해 은혜를 받으면서 빨리 성도들과 은혜를 나누고 싶어 주일이 언제나 기다려졌습니다. 이런 의미에서 사실, 제 설교를 만들어 주신 분은 교인들이십니다. 그분들이 20년 동안 언제나 처음 듣는 것처럼 제 설교를 열심히 들어주셨습니다. 열정적으로 들어주셨기에 지금의 제가 있는 것입니다.

성도들에게 이 영광을 돌리고 싶습니다. 또한 가장 무서운 설교 비평가(?)이자 동료인 제 아내에게 감사합니다.

저는 제 자신의 목회와 설교를 돌이켜 보면서 세 가지 관점에서 반성을 해봅니다.

첫째, 제 설교에는 예언자적 설교가 약하지 않았나 생각합니다.

불의와 부정을 자행하는 이스라엘을 향하여 하나님의 공의를 선포했던 선지자들, 예언자들처럼 하지 못했습니다. 하나님은 성경 속에만 살아 계시는 분이 아니라 지금도 살아 계셔서 역사를 주관하시는 분입니다. 역사를 주관하신다는 것은 모든 것의 주인이신 그분께서 불꽃같은 눈으로 이 땅을 지켜보고 계신다는 것입니다.

우리가 살고 있는 이 사회를 보면서, 역사를 보면서, 어려운 사람들을 보면서 그들을 신음하게 하는 부정과 불의를 향한 하나님의 메시지를 적극적으로 전하지 못한 것 같습니다. 하나님을 두려워해야 한다고, 살아 계신 하나님의 음성을 들어야 한다며, 하나님의 공의 앞에 우리 모두 겸손히 무릎 꿇어야 한다고 담대히 선포하지 못했습니다. 그동안 제 설교에는 그런 예언자적 설교의 취약성이 있다고 생각합니다.

둘째, 연약한 자를 위한 설교가 빈약했습니다.

저는 대형교회 목회자입니다. 누구나 처음부터 대형교회를 하려고 했던 것은 아닐 것입니다. 목회를 하다 보니 어느덧 소위 대형교회가 되어 있었습니다. 그러다 보니 상대적으로 작은 자, 약한 자를 위한 설교가 빈약했습니다. 대중을 위한 설교는 하는데, 소자나 약자를 위한 설교를 상대적으로 하지 못했습니다. 농촌과 어촌에서 몇 십 명의 성도를 놓고 생존의 위협을 느끼며 설교하는 분들도 저와 같은 동역자들인데, 그분들을 배려하고 생각하는 마음을 어느덧 잊었던 것 같습니다. 그것이 늘 저를 부끄럽게 합니다.

특별히 언어, 문화, 환경이 전혀 다른 선교지에서 오직 예수 그리스도 한 분만을 바라보며 설교하는 분들을 생각해 봅니다. 이번 10대 설교가 세미나에 김낙웅 목사님도 오셨습니다. 러시아에서 선교하다 실명의 단계에서 선교지를 포기해야 하는 아픈 가슴을 안고 돌아오셨습니다. 끝까지 선교지에서 예수님을 전하다 그곳에서 뼈를 묻고 싶었지만 건강이 허락지 않았던 것입니다. 선교지에서 돌아가신 고 김사무엘 선교사님과 같은 그런 분들이 진짜 설교자라 생각합니다. 언어의 장벽을 넘어 땅 끝까지 복음을 전하는 그분들, 상대적으로 약한 자, 작은 자들을 품은 설교야말로 이 시대를 깨우는 진정한 설교가 되리라 생각합니다.

셋째, 저에게는 화해자의 설교가 필요하다고 생각합니다.

전 세계는 어느 곳에서나 분쟁과 재해가 끊이지 않고 있습니다. 한반도와 아프가니스탄, 이라크 등이 그렇습니다. 끊임없는 테러와 골육상쟁으로 죽어 가는 수많은 사람들, 쓰나미로 고통당하는 이들, 파키스탄 지진으로 처참하게 죽어 가는 사람들, 특히 이런 재난에서 어린 아이들이 1차로 희생되는 것을 바라보며 과연 누가 골이 깊게 파인 남북을, 칼을 들이대고 있는 동서를 화해시킬 것인가를 생각해 봅니다.

우리의 설교 속에는, 예수님이 그러셨듯이 화해자의 고통스런 모습, 소위 고난당하는 종의 고통스러운 표정이 있어야 한다고 생각합니다. 한편으로는 밝고 긍정적이고 적극적인 승리의 메시지도 선포해야겠지만 그 뒤에 감추어진 깊은 고뇌와 상처를 드러내어 예수님처럼 화해하게 하는 그런 화해자의 설교가 저에게 필요한 것 같습니다.

제가 설교를 통해 끊임없이 추구하는 주제는 바로 문화란 코드입니다. 마치 공기와도 같은 문화를 피해갈 수 있는 사람은 아무도 없습니다. 어떻게 복음이 이 시대 문화에 잘 접촉이 되어서 많은 사람들의 마음속에 자연스럽게 스며들어 갈 수 있게 할 것인가가 제가 깊이 묵상하는 주제입니다. 이런 의미에서 목사는 '문화 건축가'(Culture Architect)라는 말에 동의합니다.

이 시대에는 21세기, 디지털 시대를 선도하는 새로운 기독교 문화를 만들고 또 그 신선한 예수 그리스도의 문화를 많은 사람들이 맛볼 수 있도록 하는 그런 설교자가 필요하다고 생각합니다.

저는 설교 원고를 써 본 적이 없습니다. 특히 책을 쓰기 위한 설교 원고를 써 본 적이 없습니다. 저의 저서는 모두 평소 했던 설교가 원고가 되어 책으로 나온 것입니다.

건강이 허락하는 한 하나님의 영광스런 말씀을 전하는 일에 헌신하기를 소망합니다. 감사합니다.

우리의 설교 속에는, 예수님이 그러셨듯이 화해자의 고통스런 모습,
소위 고난당하는 종의 고통스러운 표정이 있어야 한다고 생각합니다.